GENTE COMO A GENTE

Max Lucado

Gente como a gente

Como Deus muda a vida de pessoas comuns

Tradução de
Marcelo Barbão e Omar de Souza

Thomas Nelson Brasil

Rio de Janeiro
2009

Título original
Cast of characters

EDITOR RESPONSÁVEL
Nataniel dos Santos Gomes
SUPERVISÃO EDITORIAL
Clarisse de Athayde Costa Cintra
PRODUTORA EDITORIAL
Fernanda Silveira
CAPA
Valter Botosso Jr.
TRADUÇÃO
Omar de Souza e Marcelo Barbão
COPIDESQUE
Norma Cristina Guimarães Braga
REVISÃO
Margarida Seltmann
Cristina Loureiro de Sá
Joanna Barrão Ferreira
PROJETO GRÁFICO E DIAGRAMAÇÃO
Julio Fado

CIP-BRASIL. CATALOGAÇÃO NA FONTE
SINDICATO NACIONAL DOS EDITORES DE LIVROS, RJ

L965g

Lucado, Max, 1955-
Gente como a gente: como Deus muda a vida de pessoas comuns / Max Lucado; tradução de Omar de Souza e Marcelo Barbão. - Rio de Janeiro: Thomas Nelson Brasil, 2009.

Tradução de: Cast of characters
ISBN 978-85-7860-037-2

1. Bíblia - Biografia. 2. Histórias bíblicas. I. Título.

09-1297. CDD: 242.5
CDU: 27-29

Rua Nova Jerusalém, 345 – Bonsucesso
Rio de Janeiro – RJ – CEP 21402-325
Tel.: (21) 3882-8200 – Fax: (21) 3882-8212 / 3882-8313
www.thomasnelson.com.br

Para Landon Saunders

Ainda me sinto confortado por suas palavras e grato por seu sorriso.

Sumário

Apresentação

Perto de você, sentado à mesa de uma cafeteria, está um rapaz na faixa dos vinte anos, cabelos negros. As roupas sugerem tratar-se de um representante da classe operária; os músculos bem definidos e a pele bronzeada denunciam que ele trabalha ao ar livre. Será que seu emprego tem alguma coisa a ver com jardinagem ou carpintaria? Você não quer ficar olhando, mas... sua aparência é fora do comum. A compleição física e os traços do rosto demonstram tratar-se de um estrangeiro. Você tenta desviar os olhos, mas, antes de conseguir, ele percebe e sorri.

— Sou hebreu.

— Como é que é?

— Você não é o primeiro a ficar admirado ao me ver. Sou um hebreu. Só vivi no Egito por alguns anos.

Você vira a cadeira na direção dele e se inclina para a frente.

— E por que veio para cá?

— Posso dar a versão mais curta da história?

Você balança a cabeça, concordando, e ele começa.

— Bem, meu pai enganou meu tio em uma questão de herança. Minha avó colaborou, bolando o plano. Meu tio Esaú ficou furioso por ter feito papel de trouxa, por isso decidiu matar o meu pai, que fugiu com a roupa do corpo. Considerando a situação, já achava lucro sair dali vivo. Ele encontrou refúgio na casa da família de meu tio-avô. Talvez você já tenha ouvido falar dele: Labão. Não, é claro que não ouviu. Por que razão ouviria? A não ser pelo fato de que ele tinha uma grande criação de animais. Fui criado naquele lugar. Bem, prosseguindo: meu pai se apaixonou por uma das filhas de meu tio-avô, Labão. Por acidente, acabou se casando com a outra filha. Labão foi mais malandro que o malandro do meu pai. Parece que a minha tia era caseira demais para arranjar um marido, por isso o pai arranjou um para ela. Mais tarde, meu pai se casou com minha mãe. Ela era a esposa preferida dele, sabe como é. Mas como demorou muito para engravidar, ele teve vários filhos com outras mulheres. Uma delas foi a irmã de minha mãe, aquela que era a mais caseira. Quando nasci, a casa já estava lotada de crianças. Mas eu era o preferido de meu pai. Ele me dava mais presentes e me dedicava mais atenção do que aos outros filhos. Por isso, eles ficaram com ciúmes e reclamaram demais. Acabaram me vendendo como escravo a uns mercadores, e assim fui parar no Egito. Meu pai deve ter pensado que eu morri, mas não foi isso o que aconteceu. Só que estou com muita fome. Você vai comer esse beirute todo?

Então você entrega para ele seu prato e fica assistindo, enquanto ele come tudo. Em seguida, fica pensando que história louca deve ser a daquele sujeito. Um enganando o outro. Todo mundo metido a esperto. Que tipo de gente é essa? São exatamente as mesmas pessoas que fazem parte do "grande elenco" de Deus. As Escrituras são feitas de pessoas como José e sua família — gente comum e meio irresponsável. Jacó passou a perna em Esaú com o consentimento da mãe, Rebeca. O tio Labão armou uma tramoia na lua de mel para garantir que Jacó não percebesse que havia se casado com a mulher errada até a manhã seguinte, quando o matrimônio já estaria consumado e o bolo, cortado. José ficava andando de um lado para o outro, orgulhoso como um pavão, o que enfurecia os irmãos — os mesmos que se tornariam patronos das doze tribos de Israel e membros da árvore genealógica de Jesus. Isso mesmo, de Jesus Cristo!

Aliás, se fizermos um estudo sobre a árvore genealógica de Jesus, encontraremos muita fruta podre. Eles estão todos listados no primeiro capítulo do Novo Testamento. Mateus apresenta 42 parentes de Cristo, todos de caráter questionável. Aqui vão apenas alguns exemplos:

- Uma de suas ancestrais bancou a prostituta na esperança de enganar Judá (um dos irmãos de José) e obrigá-lo a manter a palavra.
- Outra nem precisava fazer cena. Ela era mesmo uma meretriz que cuidava de seu pequeno prostíbulo na zona dos bordéis de Jericó.
- Bate-Seba seria uma ótima manchete dos tabloides sensacionalistas: a bela mulher que tomava banho ao ar livre e que veio a integrar as Escrituras passando pela cama do rei Davi.
- E Davi. O matador de gigantes que não conseguia controlar seus níveis de testosterona. O sujeito teve mais esposas do que se pode imaginar.
- O filho dele, Salomão, também tinha muitas mulheres e muito dinheiro. Será que algum rei já foi tão rico e tão solitário? "Vaidade de vaidades" deveria ser seu epitáfio.

Os ancestrais de Jesus: uma história após a outra marcada por escândalos, fracassos e intrigas. Quem são essas pessoas?

Nós. Se você quer saber que gente é essa, olhe para si.

Podemos identificar nossa história pessoal na trajetória dessas pessoas. Encontramos esperança onde elas também encontraram. E entre elas, pairando em volta de todas elas, está o grande herói: Deus. O Criador. Aquele que nos molda, que resgata nosso coração antes que naufrague. Deus. Distribuindo chamados, segundas chances e orientação moral a todos os que chegam, passam e se vão. A Moisés, que matou um homem; a Sansão, que cometeu um deslize; a Tomé, que duvidou de Deus; a João Batista, que se vestia como um homem das cavernas e mantinha os hábitos alimentares de um urso selvagem.

Essas são as pessoas da Bíblia, transbordantes de mais vigor e brilho do que a maioria pode conceber. Adoro ler as histórias dessa gente. Ao longo dos anos, tenho me dedicado a recontar algumas delas. Este livro é uma coleção de alguns desses esforços. Gostaria de agradecer a Laura Kendall, Karen Hill e Andrea Lucado por me ajudarem a administrar essa colheita. Obrigado também a David Moberg e à equipe da Thomas Nelson por sugerir a ideia.

Oferecemos essas páginas a você sob as bençãos de uma promessa maravilhosa: se Deus pode encontrar um espaço para esses personagens, ele tem, com certeza, um lugar para nós também. Um trecho precioso encontrado no livro de Hebreus encerra essa verdade:

> Ora, tanto o que santifica quanto os que são santificados provêm de um só. Por isso Jesus não se envergonha de chamá-los irmãos. Ele diz: "Aqui estou eu com os filhos que Deus me deu."
>
> HEBREUS 2:11-13

Essa passagem remete à imagem de uma foto de família: uma reunião de tias, tios, primos e outros parentes, que se encontram para um casamento, um piquenique no verão ou um feriado. Todos os personagens curiosos da família estão presentes. O vagabundo, o bêbado, o tio que insiste em não amadurecer e a tia que nunca cala a boca. O primo que tem ficha na polícia e o avô que fala baixarias. José, vestido ao estilo dos egípcios, e o pai, Jacó, com seus olhos penetrantes. O tio Labão e o rei Davi. Todos estão aqui, incluindo Jesus. Ele fica sentado bem no meio de todas essas pessoas, sorrindo como o Pai orgulhoso que é. "Estou aqui, cercado pelos filhos que Deus me deu."

Você consegue distinguir seu rosto nessa foto? Espero que consiga... pois está nela. E Jesus também se sente orgulhoso de você.

Capítulo 1:

JOSÉ

Foi assim o nascimento de Jesus Cristo: Maria, sua mãe, estava prometida em casamento a José, mas, antes que se unissem, achou-se grávida pelo Espírito Santo. Por ser José, seu marido, um homem justo, e não querendo expô-la à desonra pública, pretendia anular o casamento secretamente. Mas, depois de ter pensado nisso, apareceu-lhe um anjo do Senhor em sonho e disse: "José, filho de Davi, não tema receber Maria como sua esposa, pois o que nela foi gerado procede do Espírito Santo. Ela dará à luz um filho, e você deverá dar-lhe o nome de Jesus, porque ele salvará o seu povo dos seus pecados." Tudo isso aconteceu para que se cumprisse o que o Senhor dissera pelo profeta: "A virgem ficará grávida e dará à luz um filho, e lhe chamarão Emanuel", que significa "Deus conosco". Ao acordar, José fez o que o anjo do Senhor lhe tinha ordenado e recebeu Maria como sua esposa. Mas não teve relações com ela enquanto ela não deu à luz um filho. E ele lhe pôs o nome de Jesus.

MATEUS 1:18-25

A oração de José

Os espaços em branco entre os versículos bíblicos constituem solo fértil para vários questionamentos. É difícil ler as Escrituras sem sussurrar algo como: "Eu fico imaginando..."

"Eu fico imaginando se Eva tivesse comido mais daquele fruto."

"Eu fico imaginando se Noé conseguiu dormir direito durante a tempestade."

"Eu fico imaginando se Jonas gostava de peixe ou se Jeremias tinha algum amigo."

"Será que Moisés evitava passar por arbustos? Será que Jesus contava piadas? Será que Pedro algum dia tentou caminhar de novo sobre as águas?"

A Bíblia é uma cerca repleta de buracos através dos quais podemos dar uma espiada, mas não conseguimos enxergar o cenário inteiro. Trata-se de um bloco de anotações todo colado com retratos de pessoas em seus encontros pessoais com Deus, mas nem sempre registrando o resultado dessa interação. Um elenco de personagens dentro de uma história de importância cósmica, mas sem um desenlace.

Assim, somos obrigados a nos perguntar:

Quando aquela mulher flagrada em adultério voltou para casa, o que disse ao marido?

Depois que o endemoninhado foi liberto, o que passou a fazer para viver?

Depois que a filha de Jairo foi ressuscitada, será que ela se arrependeu?

Buracos na cerca, retratos e especulações. Você encontrará isso em todos os capítulos sobre todas as pessoas. Nada, porém, instiga tantos questionamentos quanto o nascimento de Cristo. Os personagens surgem e desaparecem antes que possamos perguntar qualquer coisa a eles. O dono da hospedaria que estava ocupado demais para receber o próprio Deus — será que, algum dia, ele chegou a saber a identidade daquele a quem desprezou? E os pastores? Será que ficavam cantarolando a canção que ouviram os anjos entoarem? Os sábios que seguiram a estrela: o que significava adorar um bebê? E José, especialmente José. Tenho várias perguntas a fazer a José.

Você disputava quedas de braço com Jesus? Será que ele deixava você ganhar?

Você já ergueu os olhos ao céu em oração e conseguiu ver Jesus ouvindo?

Como se diz "Jesus" em egípcio?

O que aconteceu com os homens sábios?

O que aconteceu com você?

Não sabemos o que houve com José. Seu papel no primeiro ato é tão importante que esperávamos vê-lo no restante da história; no entanto, com exceção de uma cena breve ao lado de Jesus (na época, com doze anos de idade), em Jerusalém, ele nunca mais reaparece. O restante de sua vida é pura especulação. Somos obrigados a guardar nossas dúvidas.

Mas, entre todas as minhas perguntas, a primeira seria sobre Belém. Eu gostaria de saber sobre aquela noite na estrebaria. Posso imaginar José naquele lugar. Os pastos iluminados pela lua. As estrelas brilhando no céu. À distância, Belém brilha na escuridão. E lá está José, esperando com paciência do lado de fora da estrebaria.

No que ele estava pensando enquanto Jesus nascia? O que se passava por sua mente enquanto Maria dava à luz? Ele fez tudo quanto estava ao seu alcance: esquentou a água, preparou um lugar onde a esposa pudesse se deitar. Ofereceu a Maria o máximo de conforto possível dentro de um galpão e, em seguida, saiu. Ela lhe pedira para sair, e José achou mesmo que era a melhor coisa a fazer.

Naquela eternidade entre o pedido de Maria e o nascimento de Jesus, no que José pensava? Ele caminhou a noite inteira, olhando as estrelas. Será que orou?

Por alguma razão, não consigo imaginá-lo em silêncio. Vejo José agitado, andando de um lado para o outro. Em determinado momento, mexe a cabeça; no instante seguinte, balança os braços. Não era bem isso que ele tinha em mente. Fico imaginando o que ele teria dito a Deus...

Não foi assim que eu planejei, Deus. De jeito nenhum. Meu filho nascendo em uma estrebaria? Não foi assim que imaginei que seria. Uma caverna com ovelhas e burros, palha e feno? Minha esposa dando à luz tendo apenas as estrelas como testemunhas de sua dor?

Não foi assim que imaginei, não mesmo. Queria a família reunida. Queria as avós aqui, os vizinhos se amontoando do lado de fora da casa, os amigos ao meu lado. Queria o som do primeiro choro do bebê enchendo a casa. Tapinhas nas costas. Muito riso e júbilo.

Achei que seria assim.

A parteira colocaria meu filho em meus braços e todo mundo aplaudiria. Maria poderia descansar. Depois, celebraríamos. Toda Nazaré celebraria conosco.

Mas agora... veja só. Estamos a cinco dias de distância de Nazaré. E aqui estamos nós em um... em um pasto de ovelhas. Quem celebrará conosco? As ovelhas? Os pastores? As estrelas?

Tem alguma coisa errada aqui. Que tipo de marido sou eu? Não consegui nem uma parteira para ajudar minha esposa. Não há sequer uma cama na qual ela possa se deitar. O travesseiro é a manta que uso para colocar sobre o meu burro. A casa que posso oferecer a ela é um abrigo cheio de palha e feno. O cheiro é ruim, os animais fazem muito barulho. Por quê? Até eu mesmo estou cheirando como um pastor.

Será que fiz alguma coisa errada? Fiz, Deus?

Quando o senhor enviou o anjo para falar sobre o filho que nasceria, não foi isso que imaginei. Vislumbrei Jerusalém, o templo, os sacerdotes e as pessoas se aproximando para ver. Talvez um cortejo. Um desfile. No mínimo, um banquete. Afinal de contas, trata-se do Messias!

Ou então, se não fosse para nascer em Jerusalém, que tal Nazaré? Será que não seria melhor para o bebê nascer lá? Pelo menos lá eu tenho a minha casa e meus negócios. Fora dali, o que tenho? Uma mula cansada, um pouco de lenha para a fogueira e um jarro de água quente. Não foi desse jeito que eu queria que acontecesse! Não foi assim que planejei o nascimento de meu filho.

Ai, meu Deus, fiz aquilo de novo. Fiz de novo, não foi, Pai? Não era essa a minha intenção. Foi só por esquecimento.

Ele não é meu filho... é seu. A criança é sua. O plano é seu. A ideia é sua. E perdoe-me por questionar, mas... é assim que Deus entra no mundo? A chegada do anjo, eu aceitei. As perguntas que as pessoas faziam sobre a gravidez, consigo tolerar. A viagem a Belém, tudo certo. Mas por que o nascimento do bebê em uma estrebaria, Deus?

A qualquer momento, Maria dará à luz. Não a uma criança qualquer, mas ao Messias. Não a um simples bebê, mas ao próprio Deus. Foi o que o anjo disse. É nisso que Maria acredita. E Deus, meu Deus, é nisso que eu também quero acreditar. Mas tenho certeza de que o senhor entende. Não é fácil. Parece muito... muito... muito... esquisito.

Não estou acostumado com tanta coisa fora do comum, Deus. Sou um carpinteiro. Faço as coisas se encaixarem. Meço as bordas. Sigo o prumo. Só corto a madeira depois de medir duas vezes. Gente que monta coisas não está acostumada com surpresas. Gosto de ter um plano. Gosto de ver o plano antes de começar.

Contudo, desta vez não sou eu quem está montando nem construindo, sou? Desta vez, sou apenas uma ferramenta. Um martelo em suas mãos. Um prego entre seus dedos. Uma talhadeira à sua disposição. Esse projeto é seu, não meu.

Acho que é uma bobagem de minha parte questionar o senhor. Perdoe-me por todo esse conflito. Essa coisa de confiança não é muito fácil para mim, Deus. Mas o senhor nunca disse que seria fácil, não é?

Só mais uma coisa, Pai. Sabe aquele anjo que o senhor mandou? Daria para enviar outro? Se não puder ser um anjo, pode ser uma pessoa mesmo. Não conheço ninguém por aqui, e seria ótimo ter alguém para me fazer companhia. Pode ser o dono da hospedaria, um viajante, tanto faz. Até um pastor serve.

Eu fico pensando: será que José fez uma oração desse tipo? Talvez sim. Talvez não.

Mas é provável que você tenha feito.

Você já esteve na mesma situação de José; o conflito entre aquilo que Deus diz e aquilo que faz sentido. Fez o que o Senhor mandou só para depois ficar na dúvida se tinha sido mesmo, antes de tudo, uma ordem divina. Ficou olhando para um céu obscurecido pela dúvida. Então, balbuciou as mesmas perguntas de José.

Perguntou a Deus se ainda estava no caminho certo. Perguntou se deveria virar à esquerda ou à direita. E, depois, perguntou se esse esquema todo faz parte de algum plano. As coisas não funcionaram muito do jeito que você achava que funcionariam.

Cada um de nós sabe o que é atravessar a noite procurando uma luz. Não do lado de fora de uma estrebaria, mas (quem sabe?) na antessala de um pronto-socorro. No acostamento de uma estrada. No gramado bem cuidado de um cemitério. Fizemos as nossas perguntas. Questionamos os planos de Deus. E ficamos tentando imaginar por que Deus faz as coisas assim. O céu de Belém não foi o primeiro a ouvir os clamores de um peregrino confuso.

Se você está questionando as coisas como José, permita-me sugerir que aja também como ele: obedeça. Ele obedeceu quando o anjo o chamou. Ele obedeceu quando Maria explicou o que estava acontecendo. Ele obedeceu quando Deus o enviou.

Ele foi obediente a Deus.

Ele foi obediente quando o céu estava claro.

Ele foi obediente quando o céu estava escuro.

Ele não permitiu que uma confusão em sua mente o impedisse de obedecer. Ele não sabia tudo o que estava acontecendo, mas fez o que sabia que tinha de fazer. Encerrou seus negócios, fez as malas, pegou a família e partiu para outras terras. Por quê? Porque foi o que Deus mandou fazer.

E quanto a você? Tal como José, não consegue enxergar todo o panorama dos acontecimentos. Tal como José, sua tarefa é compreender que Jesus foi trazido à terra para fazer parte de seu mundo. E, tal como José, você tem uma escolha a fazer: obedecer ou desobedecer. E por José ter obedecido, Deus o usou para mudar o mundo. Será que ele pode fazer o mesmo com você?

Deus ainda procura pessoas como José hoje em dia. Homens e mulheres que acreditam que o Senhor ainda tem muita coisa a fazer neste mundo. Gente comum que serve a um Deus incomum.

Você se dispõe a ser uma pessoa assim? Será capaz de servir, mesmo quando não entender o que está acontecendo?

Não, o céu de Belém não foi o primeiro nem o último a ouvir os clamores de um coração sincero. E é possível que Deus não tenha oferecido respostas a todas as perguntas que José fez. Mas ele respondeu à mais importante:

— O senhor continua comigo, Deus?

E foi por intermédio do primeiro choro do menino-Deus que veio a resposta.

— Sim, sim, José, ainda estou com você.

Há muitas perguntas sobre a Bíblia que não seremos capazes de responder até chegarmos ao nosso lar eterno. Muitos buracos na cerca. Muitos retratos. Por várias vezes, teremos de parar para pensar: "Eu fico imaginando..."

Contudo, em nossas conjecturas, há algumas perguntas que nunca teremos de fazer. Será que Deus se importa conosco? Somos importantes para ele? Ele ainda ama seus filhos?

Por intermédio do rostinho daquele bebê nascido em uma estrebaria, ele diz "sim".

Sim, seus pecados estão perdoados.

Sim, o seu nome está escrito no céu.

Sim, a morte foi derrotada.

E sim, Deus entrou em seu mundo.

Emanuel. Deus conosco.

Para refletir e discutir

1. Descreva uma situação na qual você se viu em conflito entre o que Deus estava dizendo e o que parecia fazer sentido.
2. Qual é a ligação entre a nossa obediência e a orientação divina? Por que não faz sentido pedir a direção de Deus para sua vida se você é desobediente a algum mandamento das Escrituras?
3. Que situações do passado levaram você a questionar o motivo de alguma decisão de Deus?
4. O que geralmente acontece dentro de você quando se permite questionar a orientação de Deus para sua vida ou as circunstâncias que a cercam? Você consegue distinguir um padrão?
5. Leia Hebreus 3:12-19. Que conselho podemos encontrar no versículo 13 para nos ajudar a obedecer juntos a Deus? Repare na forte ligação entre a obediência e a fé presente nos versículos 18 e 19. Que ligação é essa?

Capítulo 2:

MATEUS

Saindo, Jesus viu um homem chamado Mateus, sentado na coletoria, e disse-lhe: "Siga-me." Mateus levantou-se e o seguiu. Estando Jesus em casa, foram comer com ele e seus discípulos muitos publicanos e "pecadores". Vendo isso, os fariseus perguntaram aos discípulos dele: "Por que o mestre de vocês come com publicanos e 'pecadores'?" Ouvindo isso, Jesus disse: "Não são os que têm saúde que precisam de médico, mas sim os doentes. Vão aprender o que significa isto: 'Desejo misericórdia, não sacrifícios'. Pois eu não vim chamar justos, mas pecadores."

MATEUS 9:9-13

O AMIGO DOS FRACASSADOS

CONFORME JESUS SEGUIA PELA ESTRADA, ele viu Mateus sentado no guichê da coletoria. "Siga-me", disse-lhe o Mestre. Assim, Mateus se levantou e passou a segui-lo (Mateus 9:9).

O mais surpreendente nesse convite foi a pessoa convidada: um coletor de impostos. Combine a ganância de um executivo inescrupuloso com a arrogância de um televangelista cheio de afetações. Adicione a audácia de um advogado ambicioso e a covardia de um franco-atirador. Junte ainda uma pitada da moralidade de um cafetão e complete a receita com o código de ética de um traficante de drogas. O que resulta dessa mistura?

Um coletor de impostos do século I.

De acordo com os judeus, os coletores de impostos estavam abaixo dos plânctons na cadeia alimentar. César permitia que aqueles cidadãos judeus cobrassem impostos sobre praticamente tudo: o barco que você tivesse, o peixe que você pegasse, a casa onde você morasse e até sua colheita. Contanto que César recebesse aquilo que lhe cabia, os coletores poderiam ficar com o restante.

Mateus era um coletor *público* de impostos. Coletores particulares contratavam outros para fazer o trabalho sujo. Publicanos como Mateus se limitavam a montar um posto de coleta nas áreas pobres da cidade e começar a recolher o dinheiro. Tiravam tudo do povo.

Seu nome era Levi, e tinha origem sacerdotal (Marcos 2:14; Lucas 5:27,28). Será que os pais dele aspiravam a uma carreira de sacerdote para o filho? Se era essa a intenção, ele se revelou um grande fracasso em seu círculo familiar.

Pode apostar: todo mundo evitava Levi. Os vizinhos estavam organizando um churrasco? Ele nunca era convidado. Reunião de ex-alunos da escola? O nome dele sempre era excluído da lista. O sujeito era evitado como um vírus. Todos procuravam manter tanta distância de Mateus quanto possível.

Todos, menos Jesus. "Jesus viu um homem chamado Mateus, sentado na coletoria, e disse-lhe: 'Siga-me'. Mateus levantou-se e o seguiu" (Mateus 9:9).

Mateus devia estar preparado. Jesus nem teve de insistir muito. Não demorou muito para os amigos esquisitos de Mateus e os seguidores ainda imaturos de Jesus começarem a trocar *e-mails*. "Então Levi ofereceu um grande banquete a Jesus em sua casa. Havia muita gente comendo com eles: publicanos e outras pessoas" (Lucas 5:29).

Em sua opinião, o que permitiu a realização daquela festa? Vamos tentar imaginar. Consigo ver Mateus voltando para seu escritório e recolhendo todos os seus pertences. Ele tira a placa emoldurada de "Traíra do Ano" da parede e encaixota o certificado de MBA em Negócios Suspeitos. Seus colegas de trabalho começam a fazer perguntas.

"O que houve, Mateus? Vai viajar em alguma excursão?"

"Ei, Mateus, levou um pé no traseiro?"

Mateus não sabe o que dizer. Ele murmura alguma coisa sobre uma mudança de emprego. Mas, assim que chega à porta, dá uma parada. Segurando sua caixa cheia de artigos de escritório, olha para trás. As pessoas parecem sem jeito, como se estivessem tristes e, ao mesmo tempo, intrigadas.

Ele sente um nó na garganta. Ah, esses caras não são grande coisa. Os pais alertam os filhos a respeito de pessoas desse tipo. Usam uma linguagem muito vulgar. A moralidade delas é rasa. Só se metem com gente que não presta. O segurança da boate liga para lhes desejar feliz aniversário. Tudo bem, amigo é amigo, mas o que ele pode fazer? Convidar os colegas para que também sigam Jesus? Arrã, até parece. Eles gostam tanto de pregadores quanto ovelhas gostam de açougueiros. Tente sugerir-lhes algum programa religioso na televisão. O máximo que conseguirá será convencê-los de que caprichar no topete é requisito para seguir Cristo. O que fariam se Mateus deixasse alguns folhetinhos com a Torá sobre a mesa deles? Nada. Eles não gostam de ler.

Sendo assim, sem saber o que mais fazer, ele encolhe os ombros e sacode a cabeça. "Essa minha alergia...", murmura, secando a lágrima de um dos olhos.

Mais tarde, naquele dia, acontece a mesma coisa. Ele vai até o bar para fechar sua conta. A decoração denuncia que se trata de um bar frequentado pela ralé: um lugar bagunçado e cheio de fumaça com um letreiro de cerveja barata perto do balcão e música brega em alto volume. Não chega a ser a sede do Clube Campestre, mas Mateus se sentia à vontade parando ali no caminho para casa. Ao contar ao dono do bar que está se mudando, o balconista responde: "Que é isso, Mateus? O que está *pegando*?"

Mateus inventa uma desculpa esfarrapada sobre uma transferência, mas sai do bar com uma sensação de vazio por dentro.

Depois ele se encontra com Jesus durante o jantar e fala a respeito de seu problema.

— São meus amigos. Sabe como é, os colegas de trabalho. E os amigos do bar.

— O que tem eles? — pergunta Jesus.

— Bem, a gente vivia sempre junto, sabe como é. Vou sentir falta deles. Veja o Josh, por exemplo. Um sujeito escorregadio como ele só, mas gosta de visitar os órfãos aos domingos. Tem também o Bruno da academia. É capaz de esmagar uma pessoa como se fosse uma barata, mas nunca tive um amigo mais leal. Pagou minha fiança por três vezes.

Jesus pede que Mateus prossiga.

— E qual é o problema?

— Bem, vou sentir falta desses caras. Quero dizer, não tenho nada contra Pedro, Tiago e João, mas eles são do dia, e eu sou da noite. Tenho meu círculo de amizades, sabe como é?

Jesus começa a sorrir e balança a cabeça.

— Mateus, Mateus. Você acha que eu vim a este mundo para confinar as pessoas? O fato de uma pessoa me seguir não significa que ela precisa se esquecer de todos os amigos que tem. Pelo contrário, quero conhecer essas pessoas também.

— O senhor está falando sério?

— O sumo sacerdote é judeu?

— Bem, Jesus, esses caras... metade deles está em liberdade condicional. Josh não usa meias desde que fez o *bar mitzvah*...

— Não estou falando de um culto religioso, Mateus. Deixe-me perguntar uma coisa: o que você gosta de fazer? Jogar boliche? Jogar videogame? Você é bom de bola?

Os olhos de Mateus brilham.

— Você precisa ver como cozinho bem. Parto para cima de um bife na chapa como o grande peixe avançou sobre Jonas.

— Perfeito — Jesus comenta, sorrindo. — Então organize uma festa de despedida. Junte a turma toda e faça umas brincadeiras.

Mateus adora a sugestão. Na mesma hora, liga para um bufê, para a faxineira e a secretária.

— Avise a todos, Telma. Hoje à noite vai ter comes e bebes em minha casa. Avise aos caras para virem acompanhados.

Assim, Jesus dá o seu recado na casa de Mateus, um duplex com vista para o mar da Galileia. Há todo tipo de carro estacionado do lado de fora, desde BMWs até limusines. E a multidão do lado de dentro mostra que aquela reunião pode ser qualquer coisa, menos uma conferência religiosa.

Os rapazes usam brincos e as moças são tatuadas. Os cabelos estão cheios de gel. A música faz vibrar até a raiz dos dentes. No meio do grupo, todo entusiasmado, está Mateus, fazendo mais contatos que um eletricista. Ele apresenta Pedro aos membros do clube dos coletores de impostos e Marta ao pessoal da cozinha. Simão, o zelote, encontra uma colega do tempo do Ensino Médio. E quanto a Jesus? Ele está radiante. O que poderia ser melhor? Pecadores e santos no mesmo recinto, e nenhum deles tentando julgar os outros. Mas quando a noite começa a avançar, a porta se abre e uma brisa gelada penetra no ambiente. "Mas os fariseus e aqueles mestres da lei que eram da mesma facção queixaram-se aos discípulos de Jesus: 'Por que vocês comem e bebem com publicanos e pecadores'?"" (Lucas 5:30).

É aí que entra a patrulha religiosa com sua piedade de fachada. Carregam imensos livros de capa preta sob o braço. Simpáticos como guardas de uma prisão no meio da Sibéria. Usam colares clericais tão justos que as veias chegam a saltar. Eles também gostam de chapa quente, mas não tem nada a ver com churrasco.

Mateus é o primeiro a sentir o calor.

— Que sujeito religioso, você, hein? — zomba um deles, franzindo a sobrancelha. — Olhe só as pessoas com quem você anda.

Mateus não sabe se deve ficar zangado ou fingir que não escutou. Antes que ele tenha tempo de fazer sua escolha, Jesus intervém, explicando que Mateus está exatamente no lugar onde deve estar. "Não são os que têm saúde que precisam de médico, mas sim os doentes. Eu não vim chamar justos, mas pecadores ao arrependimento" (Lucas 5:31,32).

Que história interessante. Mateus deixa de ser um sujeito traiçoeiro para se tornar um discípulo. Ele organiza uma festa que deixa a direita religiosa perturbada e Cristo orgulhoso. Os mocinhos parecem mesmo legais e os vilões vão embora, com o rabo entre as pernas. De fato, uma história e tanto.

O que fazer com ela?

Isso depende de saber em qual lado da mesa do coletor de impostos você se encontra. Eu e você somos como Mateus. Não olhe para mim desse jeito. Mesmo no melhor de nós, há malícia suficiente para nos qualificar ao cargo que Mateus ocupava. Talvez você nunca tenha cobrado imposto algum, mas já deturpou a verdade, assumiu um crédito que não lhe pertencia, tirou vantagem de alguém mais fraco. Você e eu? Mateus.

Se você ainda está na mesa da coletoria, então recebe o convite: "Siga-me." E o que acontece se a sua reputação não for grande coisa? Faça como Mateus. Pode ser que você acabe escrevendo seu próprio Evangelho.

Caso você já tenha deixado a mesa da coletoria, então recebe um esclarecimento. Não é necessário se tornar uma pessoa esquisita para seguir Jesus. Não precisa deixar de gostar de seus amigos para se tornar um discípulo de Cristo. Pelo contrário: algumas apresentações serão bem-vindas. Você sabe como preparar um bife na chapa?

Há algum tempo, pediram que eu participasse de um jogo de golfe. A partida incluía dois pregadores, o líder de uma igreja e um "Mateus" dos tempos modernos. A ideia de passar quatro horas com três cristãos, sendo dois deles mestres do púlpito, não agradou muito esse "Mateus". Seu melhor amigo, um discípulo de Cristo e também seu chefe, insistiu, e então ele concordou. Tenho a satisfação de dizer que ele considerou aquela experiência agradável. À altura do nono buraco, ele se virou para mim e disse, sorrindo: "Estou muito feliz pelo fato de vocês serem caras normais." Acho que ele quis dizer o seguinte: "Fico feliz que vocês não tenham tentado me converter nem jogado um monte de versículos bíblicos na minha cara. Obrigado por rirem de minhas piadas e também por contarem outras. Obrigado por serem pessoas normais." Não tivemos de baixar o padrão, mas também não precisamos fazê-lo sentir-se culpado. Fomos agradáveis. Normais e agradáveis.

Às vezes, o discipulado se define dessa maneira: ser uma pessoa normal.

Em uma pequena comunidade rural do Estado de Arkansas, uma mãe solteira tinha um bebê muito frágil. De vez em quando, a vizinha tomava conta da criança para que ela pudesse fazer compras. Depois de algumas semanas, essa vizinha passou a oferecer mais do que apenas o seu tempo: ela também compartilhou a fé, e aquela mãe solteira fez a mesma coisa que Mateus; ela se tornou uma seguidora de Cristo.

As amigas da jovem mãe se opuseram.

— Você sabe o que essas pessoas ensinam? — questionaram.

— Vou dizer para vocês o que eu sei — respondeu ela. — Elas tomaram conta de meu bebê.[1]

Acho que Jesus gosta desse tipo de resposta, concorda comigo?

Para refletir e discutir

1. O que há de bom em ter santos e pecadores no mesmo recinto?
2. O que há de bom em não precisar definir quem pertence a um ou a outro grupo?
3. Por que a festa de Mateus deixou a direita religiosa aborrecida?
4. Que situações similares você enfrenta hoje em dia? Você costuma reagir como Cristo ou sua resposta é igual à dos líderes religiosos? Por quê?
5. O que o autor realmente quer dizer quando pergunta: "Você sabe como preparar um bife na chapa?" Como você responderia a essa pergunta?

Capítulo 3:

A MULHER QUE LAVOU OS PÉS DE JESUS

Convidado por um dos fariseus para jantar, Jesus foi à casa dele e reclinou-se à mesa. Ao saber que Jesus estava comendo na casa do fariseu, certa mulher daquela cidade, uma 'pecadora', trouxe um frasco de alabastro com perfume, e se colocou atrás de Jesus, a seus pés. Chorando, começou a molhar-lhe os pés com suas lágrimas. Depois os enxugou com seus cabelos, beijou-os e os ungiu com o perfume. Ao ver isso, o fariseu que o havia convidado disse a si mesmo: "Se este homem fosse profeta, saberia quem nele está tocando e que tipo de mulher ela é: uma 'pecadora' [...] [Jesus disse:] "Portanto, eu lhe digo, os muitos pecados dela lhe foram perdoados; pois ela amou muito. Mas aquele a quem pouco foi perdoado, pouco ama."

Lucas 7:36-39,47

O PRINCÍPIO 7:47

Como poderiam duas pessoas serem mais diferentes?

Ele, tão respeitável. Ela, tão desprezada.

Ele, um líder de igreja. Ela, uma mulher da vida.

Ele vive de defender padrões de conduta. Ela, de quebrá-los.

Ele é o anfitrião da festa. Ela chega para arruinar a celebração.

Peça aos moradores de Cafarnaum para escolher qual dos dois é o mais piedoso, e todos escolherão Simão. Porque, afinal de contas, ele é estudante de teologia, um clérigo. Qualquer um o escolheria. Qualquer um, é claro, exceto Jesus.

Jesus conhecia os dois. E escolheria a mulher. Jesus escolhe a mulher. E mais, ele revela a Simão o motivo.

Não que Simão queira saber. Sua mente está divagando. "Como foi que essa prostituta entrou na minha casa?" Ele não sabe com quem deve gritar — se com a mulher ou com o servo que a deixou entrar. Afinal de contas, o jantar é formal. Só para convidados. A nata da sociedade. *Crème de la crème.* Quem deixou a ralé entrar?

Simão está furioso. "Veja só essa mulher, rastejando aos pés de Jesus. Ela lhe beija os pés! Por quê? Se Jesus fosse quem ele diz que é, não ia querer nada com essa mulher."

Uma das lições que Simão aprendeu naquele dia foi esta: se você não quer que Jesus ouça os seus pensamentos, então é melhor não pensar em nada. Pois Jesus os ouviu, e quando o fez, decidiu compartilhar alguns pensamentos dele também.

> Então lhe disse Jesus: "Simão, tenho algo a lhe dizer." "Dize, Mestre", disse ele. "Dois homens deviam a certo credor. Um lhe devia quinhentos denários e o outro, cinquenta. Nenhum dos dois tinha com que lhe pagar, por isso perdoou a dívida a ambos. Qual deles o amará mais?" Simão respondeu: "Suponho que aquele a quem foi perdoada a dívida maior." "Você julgou bem", disse Jesus. Em seguida, virou-se para a mulher e disse a Simão: "Vê esta mulher? Entrei em sua casa, mas você não me deu água para lavar os pés; ela, porém, molhou os meus pés com suas lágrimas e os enxugou com seus cabelos. Você não me saudou com um beijo, mas esta mulher, desde que entrei aqui, não parou de beijar os meus pés. Você não ungiu a minha cabeça com óleo, mas ela derramou perfume nos meus pés. Portanto, eu lhe digo, os muitos pecados dela lhe foram perdoados; pois ela amou muito. Mas aquele a quem pouco foi perdoado, pouco ama."
>
> Lucas 7:40-47

Simão convida Jesus à sua casa, mas o trata como um parente indesejado. Nenhuma das cortesias habituais. Nada de beijo de saudação. Nada de lavar os pés do convidado. Óleo sobre sua cabeça? Nem pensar.

Ou, em termos mais modernos, ninguém abriu a porta para Jesus; ninguém pegou seu casaco nem apertou sua mão. Até o conde Drácula é mais educado.

Simão não faz esforço algum para Jesus sentir-se bem-vindo. A mulher, porém, faz tudo o que Simão não fez. Não sabemos o nome dela. Só conhecemos sua reputação: é uma pecadora. Muito provavelmente uma prostituta. Ela não foi convidada para a festa nem tem uma posição de destaque na comunidade. (Imagine só: uma prostituta usando um vestido justinho aparece na casa do pastor no meio da festa de Natal. Todo mundo para e fica olhando. Alguns coram de vergonha. Que situação!)

Mas a opinião das pessoas não a impediu de se aproximar. Não foi por causa delas que aquela mulher foi à festa. Foi por causa dele. Cada movimento dela é calculado e significativo. Cada gesto é exagerado. Ela encosta a face nos pés dele, ainda empoeirados pela caminhada. Aquela mulher não levou água, mas tem suas lágrimas. Não carrega uma toalha, mas tem seu cabelo. Ela usa as duas coisas para lavar os pés de Cristo. Como uma tradução narra, ela "regou" os pés dele com suas lágrimas (v. 44, ARA). Ela abre um frasco de perfume, talvez seu único bem de valor, e massageia a pele de Jesus. O aroma é tão envolvente quanto a ironia da cena.

De todos os presentes ali, Simão deveria ser o mais indicado para demonstrar tal amor. Não é ele o reverendo da igreja, o estudioso das Escrituras? No entanto, ele é rude, distante. A mulher deveria ser a mais propensa a evitar Jesus. Não é ela a dama da noite, a desavergonhada da cidade? Em contrapartida, o amor que ela expressa é extravagante e arriscado.

Como explicar a diferença entre os dois? Treinamento? Educação? Dinheiro? Não, pois Simão a superava com bastante folga em todos os três quesitos.

Contudo, há uma área na qual a mulher deixa Simão para trás, comendo poeira. Pense nisso. Qual foi a descoberta que ela fez, mas Simão deixou escapar? Qual é o tesouro que ela preza tanto, mas ele ignora? Simples: o amor de Deus. Não sabemos quando ela o recebeu. Não sabemos como ela ouviu falar dele. Será que ela ouviu por acaso as palavras de Jesus: "... o Pai de vocês é misericordioso" (Lucas 6:36)? Será que estava por perto quando Cristo teve compaixão da viúva de Naim? Alguém contou a ela como Jesus tocou leprosos e transformou cobradores de impostos em discípulos? Não sabemos. Mas de uma coisa temos certeza: ela chegou sedenta. Sedenta por causa da culpa. Sedenta por causa do arrependimento. Sedenta pelas noites incontáveis em que fez sexo, mas não encontrou amor. Ela chegou sedenta.

E quando Jesus lhe entrega o cálice da graça, ela bebe. Ela não se limita a provar ou bebericar. Ela não mergulha o dedo e o lambe; também não pega o cálice e toma um golinho. Ela ergue o líquido até os lábios e bebe, sorvendo e engolindo como a peregrina sedenta que é. Ela bebe até que a graça escorre por seu queixo e desce para o pescoço e o peito. Aquela mulher bebe até que cada centímetro de sua alma esteja hidratada e leve. Ela chega sedenta e bebe. Bebe até o fim.

Simão, por sua vez, nem mesmo sabe que está sedento. Gente como Simão não necessita da graça; apenas a analisa. Não pede misericórdia; debate e distribui. Não é que Simão não pudesse ser perdoado; ele só nunca pediu perdão.

Assim, enquanto ela bebe, ele cospe. Enquanto ela tem um grande amor a oferecer, ele não tem amor algum. Por quê? Por causa do Princípio 7:47. Leia mais uma vez o versículo 47 do capítulo 7: "... aquele a quem pouco foi perdoado, pouco ama." Assim como o avião Jumbo, o Princípio 7:47 tem asas extensas. Tal como a aeronave, essa verdade pode elevar você a outro nível. Leia mais uma vez: "... aquele a quem pouco foi perdoado, pouco ama." Em outras palavras, não podemos dar uma coisa que jamais recebemos. Se nunca recebemos amor, como podemos amar os outros?

Ah, mas como tentamos! Como se pudéssemos conjurar o amor a partir apenas da força da vontade. Como se houvesse dentro de nós uma fogueira de afeto que só precisa de mais um pedaço de madeira ou um fogo um pouco mais intenso. Nós mexemos e atiçamos com convicção. Qual é a nossa estratégia típica ao tratar um relacionamento conturbado? Tentar com mais empenho.

"Minha mulher necessita do meu perdão? Não sei como, mas vou perdoar."

"Não me importa quanto isso vai doer, mas vou ser gentil com aquele vagabundo."

"Tenho de amar meu próximo? Tudo bem. Meu Deus, então é o que vou fazer."

Assim, tentamos. Dentes cerrados. Queixo firme. Vamos amar até a morte! E pode ser que isso aconteça mesmo.

Será que estamos pulando uma etapa? Será que o primeiro passo de amor não deve ser dado na direção daquelas pessoas, mas na direção de Deus? Será que o segredo para amar é saber receber? Para você conceder amor, primeiro precisa recebê-lo. "Nós amamos porque ele nos amou primeiro" (1 João 4:19).

Quer ser uma pessoa mais amorosa? Comece aceitando o seu lugar como filho querido e amado. "Portanto, sejam imitadores de Deus, como filhos amados, e vivam em amor, como também Cristo nos amou..." (Efésios 5:1,2).

Deseja aprender a perdoar? Então pense em como você foi perdoado. "Sejam bondosos e compassivos uns para com os outros, perdoando-se mutuamente, assim como Deus os perdoou em Cristo" (Efésios 4:32).

Está difícil colocar os outros em primeiro lugar? Pense no modo como Cristo faz isso com você. "... embora sendo Deus, não considerou que o ser igual a Deus era algo a que devia apegar-se" (Filipenses 2:6).

Precisa de mais paciência? Beba da paciência de Deus (2 Pedro 3:9). Acha a generosidade uma virtude enganosa? Então pense em quão generoso Deus tem sido com você (Romanos 5:8). Está enfrentando problemas para tolerar os parentes ingratos ou os vizinhos rabugentos? Deus suporta você quando age da mesma maneira. "... ele é bondoso para com os ingratos e maus" (Lucas 6:35).

Não podemos amar assim?

Não. Sem a ajuda de Deus, não podemos. Ah, pode ser que nos saiamos bem por determinado período. Como Simão, podemos abrir uma porta. Mas os nossos relacionamentos necessitam de mais do que um simples gesto social. Há maridos e esposas que precisam ter os pés lavados. Alguns amigos nossos precisam de uma torrente de lágrimas. Precisamos derramar o óleo de nosso amor sobre os nossos filhos.

Mas se nós mesmos não tivéssemos recebido essas coisas, como poderíamos concedê-las ao soutros? Fora de Deus, "o coração é mais enganoso que qualquer outra coisa" (Jeremias 17:9). O amor capaz de salvar um casamento não estará em nós. Uma dedicação capaz de preservar uma amizade não poderá ser encontrada em nosso coração. Precisamos da ajuda de alguma fonte externa. Uma transfusão. Seríamos capazes de amar como Deus ama? Assim, começamos recebendo o amor de Deus.

Nós, que pregamos, somos culpados de pular a primeira etapa. "Amem uns aos outros", dizemos em nossas igrejas. "Sejam pacientes, gentis, misericordiosos", incentivamos. Mas orientar as pessoas a amar sem dizer a elas que são amadas é como lhes mandar assinar um cheque sem colocar dinheiro na conta. Não é de se admirar a "falta de fundos" em muitos relacionamentos. Quando se trata de amor, o coração está "descoberto". O apóstolo João apresenta a sequência certa. Primeiro, o depósito:

> Foi assim que Deus manifestou o seu amor entre nós: enviou o seu Filho Unigênito ao mundo, para que pudéssemos viver por meio dele. Nisto consiste o amor: não em que nós tenhamos amado a Deus, mas em que ele nos amou e enviou seu Filho como propiciação pelos nossos pecados.
>
> 1 JOÃO 4:9,10

Em seguida, tendo realizado um depósito tão exorbitante e surpreendente, João convoca a você e a mim para pegar o talão de cheques: "Amados, visto que Deus assim nos amou, nós também devemos amar uns aos outros" (v. 11). O segredo para amar é ser amado. Esse é o passo inicial esquecido nos relacionamentos. Lembra a oração de Paulo? "E oro para que, estando arraigados e alicerçados em amor..." (Efésios 3:17). Do mesmo modo que a árvore assimila os nutrientes do solo, nossa nutrição vem do Pai. Mas e se a árvore não tivesse contato algum com o solo?

Estive pensando a respeito disso ontem, quando desmontava nossa árvore de Natal. Essa é a minha tarefa tradicional de Ano Novo: retirar os ornamentos, levar o pinheirinho para fora e varrer as folhinhas. Há milhares delas! A árvore está se desfazendo toda. E a culpa é da falta de raiz. Durante duas semanas, aquele pinheirinho ficou plantado em um vaso de metal. O que um vaso pode oferecer a uma árvore?

O velho Simão tinha o mesmo problema. É um sujeito vistoso, bem-vestido, mas se desfaz todo quando leva uma ou duas pancadas.

Essa história parece familiar? Será que, ao dar um encontrão em determinadas pessoas, você se revela uma pessoa frágil, quebradiça e infrutífera? Você se desfaz com facilidade? Se isso acontece, o seu amor pode estar plantado no solo errado. Pode ser que tenha sido plantado no amor dos outros (que é volúvel) ou apenas em sua decisão de amar (que é frágil). João nos alerta: "Assim conhecemos o amor que *Deus* tem por nós e confiamos nesse amor" (1 João 4:16, grifo do autor). Ele é a única fonte desse poder.

Muita gente nos orienta a amar. Só Deus nos proporciona o poder para tal. Sabemos o que Deus quer que façamos. "E este é o seu mandamento: [...] que nos amemos uns aos outros..." (1 João 3:23). Mas como podemos fazer isso? Como podemos ser gentis com aqueles que não cumprem sua palavra? Com quem não nos trata com gentileza? Como ser paciente com gente que nos oferece a cordialidade de um urubu e a ternura de um porco-espinho? Como perdoar os avarentos e os covardes que conhecemos, amamos e com quem até nos casamos? De que maneira podemos amar como Deus ama? Até queremos. Ansiamos por isso. Mas como?

Sendo amados. Seguindo o Princípio 7:47: primeiro, receber; depois, amar.

Quer tentar? Levemos esse princípio ao que de mais elevado já se escreveu sobre o amor. Muita gente já saudou 1 Coríntios 13 como o mais lindo capítulo da Bíblia. Não há palavras que exprimam tão bem o amor quanto esses versículos. E nenhuma parte desse texto consegue chegar com tanta propriedade ao cerne do amor quanto os versículos 4 a 8.

> O amor é paciente, o amor é bondoso. Não inveja, não se vangloria, não se orgulha. Não maltrata, não procura seus interesses, não se ira facilmente, não guarda rancor. O amor não se alegra com a injustiça, mas se alegra com a verdade. Tudo sofre, tudo crê, tudo espera, tudo suporta. O amor nunca perece.
>
> 1 Coríntios 13:4-8

Há muitos anos, alguém me desafiou a substituir a palavra "amor" dessa passagem bíblica pelo meu nome. Fiz isso e vi como eu era mentiroso. "Max é paciente, Max é bondoso. Max não inveja, não se vangloria, não se orgulha..." Chega! É melhor parar por aqui! Essas palavras são pura mentira. Max não é paciente. Max não é bondoso. Pergunte à minha mulher e aos meus filhos. Às vezes, Max pode ser um grande cabeça-dura! Esse é o meu problema.

Durante anos, esse foi o meu problema com esse texto da Bíblia. Estabeleci um padrão que não tinha condições de seguir. Ninguém consegue. Ninguém, é claro, com exceção de Cristo. Veja como essa passagem descreve bem o amor incomensurável de Deus. Permita-me inserir o nome de Jesus no lugar da palavra "amor" para vermos como cai bem.

> Jesus é paciente, Jesus é bondoso. Jesus não inveja, não se vangloria, não se orgulha. Jesus não maltrata, não procura seus interesses, não se ira facilmente, não guarda rancor. Jesus não se alegra com a injustiça, mas se alegra com a verdade. Jesus tudo sofre, tudo crê, tudo espera, tudo suporta. Jesus nunca perece.

Em vez de permitir que esse texto nos lembre de um amor que não somos capazes de oferecer, permita que ele sirva como lembrete de um amor ao qual não podemos resistir: o amor de Deus.

Alguns de vocês estão muito sedentos por esse tipo de amor. Aqueles que deveriam tê-los amado não o fizeram. Vocês foram abandonados em um leito de hospital. Deixados no altar. Largados em uma cama vazia, com o coração em pedaços. Só sobrou a pergunta: "Será que alguém me ama?"

Por favor, ouça a resposta que vem do céu. Deus ama você. Pessoalmente. Poderosamente. Apaixonadamente. Outros prometeram e falharam, mas Deus prometeu e cumpriu. Ele ama você com um amor infalível. E se você permitir, esse amor divino pode encher a sua vida. É um amor que vale a pena.

Por isso, venha. Pode vir sedento e beber à vontade.

PARA REFLETIR E DISCUTIR

1. Leia 1 João 4:19. Você concorda que não podemos dar aquilo que não recebemos? Explique.
2. Como é que alguém "recebe" amor? Como é que uma pessoa pode "recusar" amor?
3. Como você pode cobrir as pessoas com o "óleo" do seu amor? Até que ponto você precisa ser coberto com o "óleo" do amor de outras pessoas?
4. Leia Lucas 7:36–50. Que princípio Jesus desenvolveu no versículo 47? De que maneira esse princípio pode ser aplicado em sua vida? Explique.
5. Pense na pessoa mais próxima a você (seu cônjuge, um amigo, o filho, um parente etc.). Faça uma lista na qual responderá à seguinte pergunta: "Como posso demonstrar amor por essas pessoas de uma maneira mais eficaz?" Antes do fim desta semana, comece a fazer pelo menos uma das coisas que você escreveu na lista.

Capítulo 4:

MEFIBOSETE

(Jônatas, filho de Saul, tinha um filho aleijado dos pés. Ele tinha cinco anos de idade quando chegou a notícia de Jezreel de que Saul e Jônatas haviam morrido. Sua ama o apanhou e fugiu, mas, na pressa, ela o deixou cair, e ele ficou manco. Seu nome era Mefibosete.)

Perguntou-lhe Davi: "Resta ainda alguém da família de Saul a quem eu possa mostrar a lealdade de Deus?" Respondeu Ziba: "Ainda há um filho de Jônatas, aleijado dos pés." "Onde está ele?", perguntou o rei. Ziba respondeu: "Na casa de Maquir, filho de Amiel, em Lo-Debar". Então o rei Davi mandou trazê-lo de Lo-Debar. Quando Mefibosete, filho de Jônatas e neto de Saul, compareceu diante de Davi, prostrou-se, rosto em terra. "Mefibosete?", perguntou Davi. Ele respondeu: "Sim, sou teu servo." "Não tenha medo", disse-lhe Davi, "pois é certo que eu o tratarei com bondade por causa de minha amizade com Jônatas, seu pai. Vou devolver-lhe todas as terras que pertenciam a seu avô Saul, e você comerá sempre à minha mesa." Mefibosete prostrou-se e disse: "Quem é o teu servo, para que te preocupes com um cão morto como eu?" Então o rei convocou Ziba e disse-lhe: "Devolvi ao neto de Saul, seu senhor, tudo o que pertencia a ele e à família dele. Você, seus filhos e seus servos cultivarão a terra para ele. Você trará a colheita para que haja provisões na casa do neto de seu senhor. Mas Mefibosete comerá sempre à minha mesa." Ziba tinha quinze filhos e vinte servos. Então Ziba disse ao rei: "O teu servo fará tudo o que o rei, meu senhor, ordenou." Assim, Mefibosete passou a comer à mesa de Davi como se fosse um dos seus filhos.

2 Samuel 4:4; 9:3-11

O privilégio dos pobres

Aviso: o conteúdo deste capítulo pode provocar fome. Talvez você prefira ler na cozinha.

O primeiro ministério que assumi foi em Miami, na Flórida (EUA). Em nossa congregação tínhamos muitas senhoras que adoravam cozinhar. Eu me adaptei muito bem porque era um sujeito solteiro que adorava comer. A igreja era muito conhecida por promover jantares comunitários nas noites de domingo, e pelo menos uma vez por trimestre os membros *jejuavam*.

Algumas igrejas promovem jantares cujo resultado é incerto. A comida está ali, servida, mas você experimenta por sua própria conta e risco. Mas não era isso o que acontecia com aquela igreja. Nossos jantares comunitários eram grandes eventos. Os mercados da região nos pediam que avisássemos com antecedência para que pudessem abastecer as prateleiras. As vendas de livros sobre culinária disparavam. Pessoas nunca vistas nos bancos da igreja podiam ser encontradas na fila, prontas para se servir. Para as mulheres, tratava-se de uma competição informal para ver quem fazia a comida mais gostosa. Para os homens, era uma comilança descarada.

Meu Deus, era muito bom, um autêntico festival de travessas e formas. Presunto suculento com molho de abacaxi, feijão fresquinho, temperos, torta de noz-pecã... (opa, acabei de babar em cima do teclado do computador). Já parou para pensar por que existem tantos pregadores gordinhos? O sujeito vira pastor só para comer bem nessas ocasiões.

Sendo solteiro, eu contava com esses jantares comunitários como uma estratégia de sobrevivência. Enquanto os outros ficavam planejando o que iriam cozinhar, eu estudava as técnicas de armazenagem de alimento dos camelos. Sabendo que eu teria de levar alguma coisa, começava a vasculhar as prateleiras de minha cozinha no domingo à tarde. O resultado era lamentável: certa vez, levei um pote de amendoins pela metade; em outra oportunidade, fiz meia dúzia de sanduíches de geleia. Uma de minhas melhores contribuições foi um pacote fechado de batatas fritas; a mais pobre foi uma lata de sopa de tomate.

Não era grande coisa, mas ninguém jamais reclamou. Na verdade, do jeito que aquelas senhoras reagiam, dava a impressão de que eu havia acabado de chegar com um peru para o Dia de Ação de Graças. Elas pegavam o pote de amendoins, colocavam sobre a longa mesa com o restante da comida e me entregavam um prato. "Vá em frente, Max, não se acanhe. Encha seu prato." E era o que eu fazia! Purê de batatas com molho de carne. Rosbife. Galinha frita. Eu pegava um pouquinho de cada coisa, menos os amendoins. Eu chegava como um pobre e saía dali como um rei!

Embora Paulo nunca tivesse participado de um desses jantares comunitários, ele adoraria o simbolismo. Ele diria que Cristo faz por nós exatamente a mesma coisa que aquelas senhoras faziam por mim. Ele nos recebe com carinho para participarmos de sua mesa em virtude de seu amor e de nossa petição. Nosso lugar nessa festa não depende daquilo que oferecemos; de fato, qualquer coisa que entregarmos será insignificante diante de sua mesa. A única exigência é que admitamos nossa fome, pois "Bem-aventurados os que têm fome e sede de justiça, pois serão satisfeitos" (Mateus 5:6).

Por isso, nossa fome não é um anseio a ser evitado, e sim um desejo, dado por Deus, pelos cuidados que só ele pode oferecer. Nossa fraqueza não deve ser desprezada, mas confessada. É isso que o apóstolo Paulo tem no coração ao escrever:

> De fato, no devido tempo, quando ainda éramos fracos, Cristo morreu pelos ímpios. Dificilmente haverá alguém que morra por um justo, embora pelo homem bom talvez alguém tenha coragem de morrer. Mas Deus demonstra seu amor por nós: Cristo morreu em nosso favor quando ainda éramos pecadores.
>
> Romanos 5:6-8

Retrato de um pobre

O retrato que Paulo faz a nosso respeito não é dos mais atraentes. Somos "fracos", "ímpios", "pecadores" e "inimigos de Deus" (Romanos 5:6,8,10). Assim são as pessoas por quem Deus morreu.

O terapeuta de família Paul Faulkner nos fala do homem que resolveu adotar uma adolescente problemática. Qualquer pessoa questionaria a lógica do pai. A garota tinha um temperamento destrutivo, era desobediente e desonesta. Um dia, ela voltou da escola e revirou a casa à procura de dinheiro. Quando o pai chegou, ela já tinha saído e a casa estava uma bagunça.

Quando ficaram sabendo o que a garota fizera, os amigos o alertaram para que não completasse o processo de adoção.

— Deixe que ela vá embora — aconselharam. — Afinal de contas, ela nem é sua filha de fato.

A resposta dele foi simples:

— Sim, eu sei. Mas eu disse para ela que era.[1]

Deus também fez um pacto ao adotar seu povo. Tal pacto não perdeu a validade por causa de nossa rebelião. Uma coisa é amar quando a pessoa é forte, obediente e submissa. Mas, e quando reviramos a casa e roubamos o que não nos pertence? Esse é o teste do amor.

E Deus passou no teste: "Mas Deus demonstra seu amor por nós: Cristo morreu em nosso favor quando ainda éramos pecadores" (Romanos 5:8).

Quando as senhoras de nossa igreja me viram chegando com os amendoins, elas não disseram: "Vá embora e só volte aqui quando tiver aprendido a cozinhar."

Quando encontrou a casa de pernas para o ar, o pai não disse: "Vá embora e só volte aqui quando aprender a respeitar os outros."

Ao ver nossa vida tão maltrapilha, Deus não disse: "Só entregarei a minha vida por vocês quando merecerem."

Nem Davi, ao olhar para Mefibosete, disse: "Só cuidarei de você quando aprender a andar."

Mefi o quê?

Mefibosete. Quando você ouvir a história dele, verá por que menciono seu nome. Sopre a poeira dos livros de 1 e 2 Samuel e você o encontrará ali.

> (Jônatas, filho de Saul, tinha um filho aleijado dos pés. Ele tinha cinco anos de idade quando chegou a notícia de Jezreel de que Saul e Jônatas haviam morrido. Sua ama o apanhou e fugiu, mas, na pressa, ela o deixou cair, e ele ficou manco. Seu nome era Mefibosete.)
>
> 2 Samuel 4:4

Os parênteses em volta do versículo não são erros de tipografia. Mefibosete foi enxertado na Bíblia. O versículo não nos diz muita coisa — só o nome dele (Mefibosete), seu drama (derrubado pela ama ou babá) e sua deformidade (aleijado). Depois, o texto segue em frente.

No entanto, isso basta para levantar uma série de questionamentos. Quem era aquele garoto? Por que sua história faz parte das Escrituras? Um pouco desse histórico ajudaria a entender.

Mefibosete era o filho de Jônatas e neto de Saul, que foi o primeiro rei de Israel. Saul e Jônatas foram mortos em batalha, deixando o trono livre para ser ocupado por Davi. Naquela época, o novo rei costumava marcar seu território exterminando a família do rei anterior.

Davi não tinha a intenção de dar prosseguimento a essa tradição, mas a família de Saul não sabia disso. Por isso, fugiu apressadamente. Um motivo particular de preocupação era o menino Mefibosete, de cinco anos. Com a morte do pai e do tio, ele seria o herdeiro natural ao trono. Se Davi tivesse a intenção de assassinar os herdeiros de Saul, aquele rapaz seria o primeiro da lista. Por isso, a família saiu correndo. Entretanto, no meio daquela pressa, Mefibosete escorregou dos braços da babá, o que causou sequelas permanentes em ambos os pés. Ele seria um aleijado para o resto da vida.

Se a história de Mefibosete começou a parecer familiar, é natural. Você e ele têm muita coisa em comum. Não nasceram ambos da realeza? E não carregam ambos as marcas da queda? Você, assim como ele, não viveu a vida inteira com medo de um rei que nunca viu?

Mefibosete entenderia o retrato que Paulo faz de nós, os pobres, "quando ainda éramos fracos" (Romanos 5:6). Por aproximadamente duas décadas, o jovem príncipe viveu em uma terra distante, incapaz de caminhar para ver o rei, temeroso demais para falar com ele. Ele era fraco.

Enquanto isso, o reino de Davi florescia. Sob sua liderança, Israel ficou dez vezes maior do que era quando ele começou a reinar. Davi nunca foi derrotado no campo de batalha. Nenhuma insurreição em sua corte conseguiu êxito. Israel estava em paz. As pessoas se sentiam gratas. E Davi, o pastor feito rei, não esqueceu a promessa que fizera a Jônatas.

A promessa de um rei

Davi e Jônatas eram como duas teclas de um piano. Separados, eles faziam música, mas juntos, formavam uma harmonia. Jônatas se considerava "amigo leal" de Davi (1 Samuel 20:17). A lendária amizade entre os dois enfrentou seu teste definitivo no dia em que Davi descobriu que Saul estava tentando matá-lo. Jônatas se empenhou para salvar Davi, e só pediu que o amigo lhe fizesse um favor como retribuição: "'... jamais deixe de ser leal com a minha família, mesmo quando o SENHOR eliminar da face da terra todos os inimigos de Davi'. Assim Jônatas fez uma aliança com a família de Davi..." (1 Samuel 20:15,16).

Percebe como Davi manteve isso como uma lembrança carinhosa em sua mente? Consegue imaginar o rei refletindo sobre esse momento, anos depois? De pé, na sacada, olhando a cidade em segurança. Montado em seu corcel, cavalgando por vastos campos. Usando sua armadura, durante a inspeção de seu competente exército. Dá para imaginá-lo, em determinados momentos, tomado por um forte sentimento de gratidão? Não é difícil supor que, por alguns instantes, ele tenha parado para pensar: "Se Jônatas não tivesse salvado a minha vida, nada disso estaria acontecendo."

Talvez esses momentos de reflexão o tenham levado a consultar os servos e perguntar: "Resta ainda alguém da família de Saul a quem eu possa mostrar lealdade, por causa de minha amizade com Jônatas?" (2 Samuel 9:1).

Aqueles que estão sempre aptos a estender a graça gostam de fazer perguntas dessa natureza. Será que existe alguma coisa que eu possa fazer por alguém? Será que posso demonstrar bondade a alguém, já que outras pessoas fizeram o mesmo por mim? Não se trata de uma manobra política. Davi não tem interesse em se mostrar bondoso para receber o aplauso das pessoas. O que o mobiliza é o pensamento singular de que ele também já foi fraco. E, em sua fraqueza, ele recebeu ajuda. Enquanto se escondia de Saul, Davi se encontrava na condição descrita posteriormente pelo apóstolo Paulo: "... quando ainda éramos fracos..." (Romanos 5:6).

Davi foi libertado; agora ele deseja fazer o mesmo. Um servo de nome Ziba conhece um descendente. "'Ainda há um filho de Jônatas, aleijado dos pés'. 'Onde está ele?', perguntou o rei. Ziba respondeu: 'Na casa de Maquir, filho de Amiel, em Lo-Debar'" (2 Samuel 9:3,4).

Bastou uma frase para Davi descobrir que o problema era maior do que imaginava. O rapaz era "aleijado dos pés". Ninguém poderia culpar Davi se ele perguntasse a Ziba: "Há mais alguma opção? Não tem nenhum membro da família saudável que eu possa ajudar?" Ninguém poderia criticá-lo se ele raciocinasse da seguinte maneira:

> Ter um aleijado na corte não ficaria bem. Apenas a elite pisa no chão deste palácio; esse rapaz nem consegue andar! E em que ele poderia ajudar? Não tem riquezas, não tem educação, não tem especialização em nada. E como será a aparência dele? Durante esses anos todos ele viveu em... como é mesmo o nome? Lo-Debar! Até o nome é estranho, significa "lugar estéril". Com certeza, há outra pessoa que eu possa ajudar que não seja tão carente.

Essas palavras, porém, jamais foram pronunciadas. A única resposta de Davi foi: "Onde está ele?" (2 Samuel 9:4).

Aquele filho. Alguém poderia se perguntar quanto tempo fazia desde que Mefibosete foi chamado pela última vez de "filho". Até então, as pessoas se referiam a ele como o aleijado. Todas as menções a Mefibosete eram seguidas da referência a seu aleijão. Mas Davi não faz isso. Ele não pergunta: "Onde está Mefibosete, esse filho problemático?" Em vez disso, ele pergunta apenas pelo filho de Jônatas. Muita gente sabe o que é carregar um estigma. A cada vez que o nome da pessoa é mencionado, a calamidade vem a reboque.

"Tem notícias de John? Aquele que acabou de se separar, lembra?"

"Recebi uma carta de Jerry. Lembra-se dele? O que vivia bêbado."

"Sharon está na cidade. É uma vergonha ela ter de criar aqueles filhos sozinha."

"Vi Melissa hoje. Não consigo entender por que ela não para em nenhum emprego."

Como se fosse um irmão irritante, o seu passado persegue você aonde for. Será que não existe ninguém que nos olhe por quem somos, e não pelas coisas que fizemos? Sim. Há apenas um. O seu Rei. Quando Deus fala a seu respeito, ele não menciona sua condição, sua dor ou seu problema; ele permite que você participe de sua glória celestial. Ele se refere a você como filho ou filha.

> Não acusa sem cessar nem fica ressentido para sempre; não nos trata conforme os nossos pecados nem nos retribui conforme as nossas iniquidades. Pois como os céus se elevam acima da terra, assim é grande o seu amor para com os que o temem; e como o Oriente está longe do Ocidente, assim ele afasta para longe de nós as nossas transgressões.
>
> Como um pai tem compaixão de seus filhos, assim o SENHOR tem compaixão dos que o temem; pois ele sabe do que somos formados; lembra-se de que somos pó.
>
> SALMO 103:9-14

Mefibosete carregou seu estigma por vinte anos. Quando as pessoas mencionavam seu nome, também se referiam ao problema que ele tinha. Mas quando o rei mencionou seu nome, referiu-se a ele como "filho". E uma palavra palaciana equivale a mil vozes das ruas.

Os enviados de Davi viajaram até a casa de Mefibosete, carregaram o rapaz até a carruagem e o acompanharam até o palácio. Ele foi levado à presença do rei, onde se prostrou com o rosto em terra e declarou: "... sou teu servo" (2 Samuel 9:6). Seu temor é compreensível. Embora tivesse ouvido falar da bondade de Davi, qual a garantia que tinha? Ainda que os emissários certamente tivessem assegurado que Davi não tinha intenção de causar-lhe mal algum, ele estava com medo. (Você também não ficaria?) A ansiedade estava no rosto que tocou o solo em reverência ao rei. As primeiras palavras de Davi a ele foram: "Não tenha medo."

A propósito, seu Rei também é conhecido por ter dito a mesma coisa. Você já se deu conta de que a ordem mais frequente que se ouviu dos lábios de Jesus foi: "Não tenha medo"? Sabia que essa ordem celestial, a de não ter medo, aparece em todos os livros da Bíblia?

Mefibosete foi chamado, encontrado e resgatado; ainda assim, ele precisava ter certeza. Não somos todos iguais a ele? Como convidados cheios de medo, não precisamos nós também da convicção de que estamos nos prostrando diante de um rei rico em graça? Paulo diz que temos essa segurança. O apóstolo aponta para a cruz como nossa garantia do amor de Deus. "Mas Deus demonstra seu amor por nós: Cristo morreu em nosso favor quando ainda éramos pecadores" (Romanos 5:8). Deus provou seu amor por nós ao sacrificar seu Filho.

Antes, Deus enviara profetas para pregar; agora, ele envia seu Filho para morrer. Antes, Deus incumbira anjos de nos ajudar; agora, ele oferece o Filho para nos redimir. Quando trememos de medo, ele nos indica o sangue espargido sobre as toscas traves da cruz e diz: "Não tenha medo."

Durante os primeiros dias da guerra civil dos Estados Unidos, um soldado da União foi preso sob a acusação de ser um desertor. Incapaz de provar sua inocência, ele foi condenado e sentenciado a morrer como morrem os desertores. Sua apelação chegou à mesa de Abraham Lincoln. O presidente sentiu pena do soldado e assinou o perdão. O soldado voltou ao serviço, lutou durante toda a guerra e foi morto na última batalha. No bolso de sua camisa foi encontrada a carta assinada pelo presidente.[2]

Bem perto do coração do soldado estavam as palavras de perdão de seu líder. Ele encontrou coragem na graça. Eu me pergunto quantos milhares também encontraram coragem na cruz do Rei.

O privilégio da adoção

Assim como Davi manteve a promessa que fizera a Jônatas, Deus também mantém a promessa que nos fez. O nome Mefibosete significa "aquele que expulsa a vergonha". E era exatamente isso que Davi queria fazer pelo jovem príncipe.

Sem hesitar, Davi devolveu a Mefibosete todas as suas terras, plantações e servos. Em seguida, insistiu que o aleijado comesse à mesa do rei. E não fez isso só uma vez, mas quatro!

> "Vou devolver-lhe todas as terras que pertenciam a seu avô Saul, e *você comerá sempre à minha mesa*" [....] "... Mefibosete *comerá sempre à minha mesa*" [...] Assim, *Mefibosete passou a comer à mesa de Davi* [...] Mefibosete, *que era aleijado dos pés*, foi morar em Jerusalém, pois *passou a comer sempre à mesa do rei.*
>
> 2 Samuel 9:7,10,11,13, grifos do autor

Pare um pouco e tente visualizar a cena na sala de jantar real. Permita-me passar a palavra a Charles Swindoll para que ele possa ajudar você.

> O sino que anuncia o jantar ecoa pelo palácio do rei. Davi se dirige à ponta da mesa e se senta. Poucos momentos depois, chega Amnom — o esperto e calculista Amnom — para se sentar à esquerda de Davi. A doce e graciosa Tamar, jovem bela e encantadora, chega e se coloca ao lado de Amnom. De repente, surge Salomão caminhando vagarosamente, vindo de seus estudos; Salomão, sempre brilhante, precoce e preocupado. Logo em seguida chega Absalão, rapaz bonito, atraente, com seus cabelos esvoaçantes e negros que chegam aos ombros, e assume seu lugar. Naquela noite, em especial, Joabe, o guerreiro corajoso que comanda as tropas de Davi, foi convidado para participar do jantar. Homem musculoso e bronzeado, ele se senta perto do rei. Depois, todos esperam. Eles ouvem o som de pés arrastando, o barulho das muletas tocando o solo até que Mefibosete, mesmo desajeitado, encontra seu lugar à mesa e se senta [...] e a toalha de mesa lhe cobre os pés. Pergunto: será que Mefibosete entendeu o sentido da graça?[3]

E eu pergunto: você identifica a nossa história nessa que acabou de ler? Filhos da realeza, aleijados pela queda, permanentemente marcados pelo pecado. Vivendo vidas tortas nas crônicas da terra, lembrados apenas pelo Rei. Orientado não por nossa beleza, mas pela promessa que fez, ele nos chama para si e nos convida a assumir um lugar permanente à sua mesa. Embora capenguemos mais do que andamos, assumimos nosso lugar perto dos outros pecadores-feitos-santos e participamos da glória de Deus.

Posso mostrar uma lista parcial do que espera por você ao chegar lá?

Não há mais condenação (Romanos 8:1).
Você está livre da Lei (Romanos 7:6).
Você está perto de Deus (Efésios 2:13).
Você está livre do reino das trevas (Colossenses 1:13).
Você passou a ser membro do Reino (Colossenses 1:13).
Você foi justificado (Romanos 5:1).
Você foi aperfeiçoado (Hebreus 10:14).
Você foi adotado (Romanos 8:15).
Você passou a ter acesso a Deus à hora que desejar (Efésios 2:18).
Você faz parte do sacerdócio divino (1 Pedro 2:5).
Você nunca mais será abandonado (Hebreus 13:5).
Você tem uma herança que jamais perecerá (1 Pedro 1:4).
Em Cristo, você é participante de sua vida (Colossenses 3:4), de seus privilégios (Efésios 2:6), de seu sofrimento (2 Timóteo 2:12) e de seu serviço (1 Coríntios 1:9).

Você é:

Membro do corpo de Cristo (1 Coríntios 12:13).
Ramo da videira (João 15:5).
Pedra do edifício (Efésios 2:19-22).
Noiva gloriosa (Efésios 5:25-27).

Sacerdote para a nova geração (1 Pedro 2:9).
Santuário do Espírito Santo (1 Coríntios 6:19).

Você tem a seu dispor (assuma!) todas as bênçãos espirituais possíveis. "Bendito seja o Deus e Pai de nosso Senhor Jesus Cristo, que nos abençoou com todas as bênçãos espirituais nas regiões celestiais em Cristo" (Efésios 1:3). Esse é o dom oferecido ao mais vil pecador da terra. Quem poderia fazer uma oferta assim além de Deus? "Todos recebemos da sua plenitude, graça sobre graça" (João 1:16).

Paulo fala por todos nós quando pergunta:

> Ó profundidade da riqueza da sabedoria e do conhecimento de Deus! Quão insondáveis são os seus juízos e inescrutáveis os seus caminhos! "Quem conheceu a mente do Senhor? Ou quem foi seu conselheiro? Quem primeiro lhe deu, para que ele o recompense?" Pois dele, por ele e para ele são todas as coisas. A ele seja a glória para sempre! Amém.
>
> Romanos 11:33-36

Como Mefibosete, somos filhos do Rei. E como eu em Miami, nossa melhor oferta não passa de um pote de amendoins, se comparada ao que recebemos de Deus.

Para refletir e discutir

1. "Nosso lugar nessa festa não depende daquilo que oferecemos; de fato, qualquer coisa que entregarmos será insignificante diante de sua mesa. A única exigência é que admitamos nossa fome..." O que Max quis dizer com "admissão da fome"? Como fazemos isso? Você já fez? Explique.
2. "Ao ver nossa vida tão maltrapilha, Deus não disse: 'Só entregarei a minha vida por vocês quando merecerem.'" Se Deus dissesse algo assim, como isso afetaria sua vida neste momento? Será que alguém um dia mereceu esse sacrifício por parte de Deus? Explique.
3. Pense na lista de bênçãos à disposição dos que se assentam à mesa de Deus, encontrada no capítulo que você acabou de ler. Qual delas você preza mais? Por quê? Qual dessas bênçãos parecem mais distantes de você? Por quê? De que maneira o conhecimento dessas bênçãos afeta efetivamente sua maneira de viver?
4. Leia Mateus 5:6. Que grupo de pessoas Jesus descreve nesse versículo? Que promessas ele faz a elas?
5. Você acredita que esteja incluído nesse grupo? Explique.

Capítulo 5:

A MULHER SAMARITANA

Jesus, cansado da viagem, sentou-se à beira do poço. Isso se deu por volta do meio-dia. Nisso veio uma mulher samaritana tirar água. Disse-lhe Jesus: "Dê-me um pouco de água" [...] A mulher samaritana lhe perguntou: "Como o senhor, sendo judeu, pede a mim, uma samaritana, água para beber?" (Pois os judeus não se dão bem com os samaritanos.) Jesus lhe respondeu: "Se você conhecesse o dom de Deus e quem lhe está pedindo água, você lhe teria pedido e ele lhe teria dado água viva." Disse a mulher: "O senhor não tem com que tirar água, e o poço é fundo. Onde pode conseguir essa água viva? Acaso o senhor é maior do que o nosso pai Jacó, que nos deu o poço, do qual ele mesmo bebeu, bem como seus filhos e seu gado?" Jesus respondeu: "Quem beber desta água terá sede outra vez, mas quem beber da água que eu lhe der nunca mais terá sede. Ao contrário, a água que eu lhe der se tornará nele uma fonte de água a jorrar para a vida eterna." A mulher lhe disse: "Senhor, dê-me dessa água, para que eu não tenha mais sede, nem precise voltar aqui para tirar água." Ele lhe disse: "Vá, chame o seu marido e volte". "Não tenho marido", respondeu ela. Disse-lhe Jesus: "Você falou corretamente, dizendo que não tem marido. O fato é que você já teve cinco; e o homem com quem agora vive não é seu marido. O que você acabou de dizer é verdade." Disse a mulher: "Senhor, vejo que é profeta" [...] "Eu sei que o Messias (chamado Cristo) está para vir. Quando ele vier, explicará tudo para nós." Então Jesus declarou: "Eu sou o Messias!" [...] Então, deixando o seu cântaro, a mulher voltou à cidade e disse ao povo: "Venham ver um homem que me disse tudo o que tenho feito. Será que ele não é o Cristo?"

João 4:6,7;9-19;25,26;28,29

Duas lápides

Eu já passara de carro por aquele lugar inúmeras vezes. Todo dia eu via aquele terreno no caminho para o escritório. Todo dia eu dizia a mim mesmo: "Um dia eu preciso parar aqui."

Aquele dia tinha chegado. Convenci uma pessoa nada simpática com quem eu havia marcado um compromisso que me aguardasse mais trinta minutos e entrei.

O cruzamento não parece diferente de qualquer outro em San Antonio: um Burger King, um Rodeway Inn, um restaurante. Mas, ao pegar a direção noroeste, você passa por baixo do sinal em ferro fundido e se descobre às portas de uma ilha da história preservada contra a ação do rio do progresso.

O nome escrito no sinal? Cemitério Locke Hill.

Quando estacionei, um céu escuro ameaçava chuva. Uma trilha me convidava a caminhar entre as mais de duzentas lápides. Os carvalhos arqueavam seus galhos sobre mim, como se servissem de teto para as câmaras solenes. A grama alta, ainda molhada de sereno, se esfregava em meus tornozelos.

As lápides, embora desgastadas pela ação do tempo, estavam vivas pela força do passado.

Ruhet in herrn destacam placas onde se leem nomes como Schmidt, Faustman, Grundmeyer e Eckert.

Ruth Lacey está sepultada ali. Nascida na época de Napoleão: 1807. Morreu há mais de um século: 1877.

Fiquei no mesmo lugar onde uma mãe chorou em um dia frio, cerca de oitenta anos antes. A lápide tinha um texto simples: "Bebê Boldt — Nascimento e morte: 10 de dezembro de 1910."

Harry Ferguson, de 18 anos, foi sepultado em 1883 sob as seguintes palavras: "Durma em paz, jovem e cansado peregrino." Fiquei pensando no que poderia tê-lo fatigado tanto.

Então eu vi. Estava gravado em uma lápide na parte norte do cemitério que marca o destino do corpo de Grace Llewellen Smith. Não havia data de nascimento nem dia da morte. Apenas os nomes dos dois maridos e o seguinte epitáfio:

Dorme, mas não descansa.
Amou, mas não foi amada.
Tentou agradar, mas não recebeu agrado.
Morreu como viveu — sozinha.

Fiquei olhando a placa e pensando sobre a vida de Grace Llewellen Smith. Teria sido ela a autora daquelas palavras... ou apenas as viveu? Será que mereceu tanto sofrimento? Era tão amargurada ou sofrida? Teria sido uma pessoa singela? Teria sido bela? Por que a vida de algumas pessoas é tão frutífera, enquanto a de outras é tão fútil?

Então me flagrei pensando em voz alta: "Sra. Smith, o que destruiu o seu coração?"

As gotas de chuva manchavam a tinta conforme eu copiava as palavras.

Amou, mas não foi amada.

Longas noites. Camas vazias. Silêncio. Nenhuma resposta às mensagens deixadas. Nenhuma resposta às cartas enviadas. Nenhum amor retribuído ao amor dedicado.

Tentou agradar, mas não recebeu agrado.

A decepção cortara seu coração como uma foice.
"Quantas vezes eu preciso repetir?" Chop.
"Você nunca conseguirá nada na vida." Chop, chop.
"Por que não consegue fazer nada certo?" Chop, chop, chop.

Morreu como viveu — sozinha.

Quantas Grace Llewellen Smiths existem por aí? Quantas pessoas vão morrer na solidão em que vivem? O morador de rua de Atlanta. O sujeito abandonado de Los Angeles. A velhinha que circula sem destino pelas ruas de Miami. O pregador de rua de Nashville. Quem acha que não é necessário para o mundo, quem se convenceu de que ninguém se importa. Quem ganhou um anel, mas nunca o amor; que recebeu críticas, mas nunca uma oportunidade; que tinha uma cama para se deitar, mas nunca descansou.

Essas são as vítimas da futilidade.

E, a não ser que alguém intervenha, a não ser que alguma coisa aconteça, o epitáfio de Grace Smith será realidade para muitos.

É por isso que a história que você está prestes a ler é tão importante. Trata-se da história de outra lápide. Dessa vez, porém, a lápide não indica a morte de alguém, e sim seu nascimento. Ela aperta os olhos por causa da luz do sol do meio-dia. Seus ombros se inclinam sob o peso do cântaro de água. Seus pés se arrastam pelo chão, trazendo consigo a poeira da trilha. Ela mantém a cabeça baixa, pois assim não precisa cruzar seu olhar com o das outras pessoas.

Ela é uma samaritana, e sabe o que significa o racismo. Também é mulher, por isso sempre sofreu em uma sociedade machista. Foi casada com cinco homens. Cinco. Cinco casamentos diferentes. Cinco camas diferentes. Cinco rejeições diferentes. Ela conhece o som de portas batendo.

Ela sabe o que é amar sem receber nenhum amor em troca. O parceiro atual nem mesmo lhe dará o sobrenome. Ele só oferece a ela um lugar para dormir.

Se há uma Grace Llewellen Smith no Novo Testamento, é aquela mulher. O epitáfio da insignificância poderia ter sido o dela. Poderia, se não fosse certo encontro com um estranho.

Naquele dia, em especial, ela foi ao poço ao meio-dia. Por que não foi logo cedo, pela manhã, como as outras mulheres? Talvez tivesse ido. Talvez só precisasse de um pouco mais de água por causa do dia quente. Ou não. Talvez estivesse evitando o contato com as outras mulheres. A caminhada sob o sol quente valia a pena, desde que pudesse evitar as línguas afiadas.

— Lá vem ela.

— Soube que ela já está com outro?

— Dizem que ela dorme com qualquer homem que aparece.

— Psiu, fale baixo. Ela está chegando.

Por isso, ela foi ao poço à tarde. Esperava encontrar silêncio. Esperava ficar sozinha. Em vez disso, encontrou alguém que a conhecia melhor do que ela mesma.

Ele estava sentado no chão: pernas esticadas, mãos entrelaçadas, as costas recostadas na borda do poço. Mantinha os olhos fechados. Ela parou e olhou para ele. Em seguida, olhou em volta. Ninguém por perto. Ela voltou a olhar para ele. Sem dúvida, tratava-se de um judeu. O que estaria fazendo naquele lugar? Ele abriu os olhos e os dela baixaram por força do constrangimento. A mulher se apressou em cumprir sua tarefa.

Sentindo o desconforto da mulher, Jesus pediu que ela lhe desse água. Mas ela era experiente demais para achar que ele só queria matar a sede. "Desde quando um sujeito da cidade como ele pediria a uma mulher como eu para lhe dar água?" Ela queria saber o que aquele homem tinha em mente. Sua intuição feminina estava parcialmente correta. Ele estava interessado em algo além da água. Ele estava interessado no coração daquela mulher.

Eles conversaram. A mulher mal se lembrava da última vez que um homem conversara com ela de maneira respeitosa.

Ele falou com ela sobre uma fonte de água que saciaria a sede — não a da garganta, mas a da alma.

Aquilo a intrigou.

— Senhor, dê-me dessa água, para que eu não tenha mais sede, nem precise voltar aqui para tirar água.

— Vá, chame o seu marido e volte.

O coração dela deve ter ficado apertado. Ali estava um judeu que não se importava se ela era uma samaritana. Ali estava um homem que não a desprezava por ser uma mulher. Ali estava o mais próximo do conceito de gentileza que ela conhecera até então. E agora ele perguntava a ela sobre... aquilo.

Tudo menos aquilo. Talvez ela tivesse pensado em mentir. "Meu marido? Ah, ele está ocupado." Talvez quisesse mudar de assunto. Ou mesmo sair dali, mas acabou ficando. E contou a verdade.

— Não tenho marido. (A gentileza atrai a sinceridade.)

É provável que você conheça o restante da história. Eu preferia que não conhecesse. Gostaria que você estivesse ouvindo esse relato pela primeira vez porque, se fosse assim, estaria ansioso para saber o que Jesus fez em seguida. Por quê? Simples: porque você teria pensado em fazer a mesma coisa que ela.

Você teria resolvido tirar a máscara. Teria parado de fingir. Teria parado para pensar no que Deus faria caso você tivesse aberto seu baú de pecados secretos.

Aquela mulher ficou pensando no que Jesus faria. Ela deve ter pensado que toda aquela gentileza cessaria a partir do momento em que a verdade fosse revelada. "Ele ficará zangado e irá embora. Ele pensará que não presto."

Se você já passou pelo mesmo tipo de ansiedade, então pegue a caneta, pois vai querer sublinhar a resposta de Jesus.

— Você falou corretamente, dizendo que não tem marido. O fato é que você já teve cinco; e o homem com quem agora vive não é seu marido.

Onde está a crítica? Onde está a raiva? Onde está o sermão?

Nada disso. Jesus não estava procurando perfeição. Ele buscava sinceridade.

A mulher ficou impressionada.

— Senhor, vejo que é profeta.

Tradução? "Tem alguma coisa diferente no senhor. Importa-se de responder a uma pergunta?"

Em seguida, ela fez a pergunta que revelava o imenso vazio dentro de sua alma.

— Nossos antepassados adoraram neste monte, mas vocês, judeus, dizem que Jerusalém é o lugar onde se deve adorar.

Eu daria tudo para ver a expressão no rosto de Jesus quando ele ouviu aquelas palavras. Será que ele ficou comovido? Será que sorriu? Será que ele olhou para as nuvens no céu e deu uma piscada para o Pai? Entre todos os lugares do mundo para encontrar um coração faminto, tinha de ser logo em Samaria?

Entre todos os samaritanos que estivessem buscando a Deus, tinha de ser uma mulher?

De todas as mulheres que demonstravam ter sede de Deus, tinha de ser uma divorciada cinco vezes?

E de todas as pessoas escolhidas para receber pessoalmente o segredo da vida, tinha de ser uma representante de um dos grupos mais marginalizados que existiam na época? A pessoa mais "insignificante" da região?

É notável. Jesus não revelou esse segredo ao rei Herodes. Ele não pediu uma audiência do Sinédrio para falar sobre as boas novas. Não foi entre as colunas de um palácio romano que ele anunciou sua identidade. Não, foi sob a sombra de um poço localizado em uma terra rejeitada e diante de uma mulher execrada. Então ele sussurrou o segredo.

— Eu sou o Messias!

A frase mais importante deste capítulo costuma ser negligenciada.

"Então, deixando o seu cântaro, a mulher voltou à cidade e disse ao povo: 'Venham ver um homem que me disse tudo o que tenho feito. Será que ele não é o Cristo?'" (João 4:28,29).

Não deixe escapar o drama daquele momento. Olhe para os olhos dela, tão admirada com tudo aquilo. Ouça-a e veja como ela luta para encontrar as palavras certas: "O-o s-s-senhor é o M-M-Messias!" Testemunhe como ela dá uma última olhada naquele nazareno sorridente, dá a volta e corre, esbarrando no peito musculoso de Pedro. A mulher quase cai, mas consegue se reequilibrar e sai correndo na direção de sua terra natal.

Você reparou no que ela esqueceu? O cântaro de água. Ela deixou para trás o cântaro que lhe pesava tanto e fazia com que seus ombros se curvassem. Ela deixou para trás o jugo que carregava.

De repente, a vergonha dos casos amorosos fracassados desapareceu. De repente, a insignificância de sua vida foi ofuscada pelo significado do momento. "Deus está aqui! Deus veio! Deus se importa... comigo!"

"É por isso que ela esqueceu o cântaro. É por isso que ela correu na direção da cidade. É por isso que ela agarrou a primeira pessoa que viu pela frente e anunciou sua descoberta: "Acabei de falar com um homem que sabe tudo o que fiz na vida. E mesmo assim, ele me ama!"

Os discípulos ofereceram comida a Jesus. Ele recusou — estava entusiasmado demais! Acabara de fazer aquilo que sabia fazer melhor: ele resgatara uma vida que estava sem direção e colocara no rumo certo.

Ele estava radiante! Por isso, disse aos discípulos: "Abram os olhos e vejam os campos! Eles estão maduros para a colheita" (João 4:35).

Quem consegue comer em uma hora como essa?

*

Pode ser que, para você, a história dessas duas mulheres seja comovente, mas não tenha nada a ver com a sua vida. Você tem alguém; é uma pessoa necessária e sabe disso. Você tem mais amigos do que pode visitar, e mais coisas a fazer do que consegue dar conta.

"Insignificância" não será uma palavra a ser gravada em sua lápide.

Seja grato por isso.

Ou então, pode ser que você tenha parado para ler o epitáfio porque era o resumo de sua vida. Você enxerga o rosto de Grace Smith quando olha no espelho. Sabe por que a mulher samaritana evitava as pessoas. Você faz a mesma coisa.

Você entende o que é sentar-se sozinho para tomar um café. Fica pensando em como seria bom ter um bom amigo ou uma boa amiga. Já amou e hoje se pergunta se vale a pena passar de novo pelo sofrimento que esse amor causou.

E você também se pergunta onde está Deus.

Tenho uma amiga chamada Joy que dá aulas a crianças carentes em uma igreja do interior. A classe dela é um grupo animado de crianças na faixa dos 9 anos que adora a vida e não sente medo de Deus. Há, porém, uma exceção: uma garotinha tímida que atende pelo nome de Barbara.

A vida complicada de sua família a transformou em uma menina medrosa e insegura. Durante várias semanas de aulas, Barbara nunca falou nada em sala. Nunca. Enquanto outras crianças conversavam, ela ficava sentada. Quando todos cantavam, ela ficava em silêncio. Enquanto os outros riam, ela continuava quieta.

Sempre presente. Sempre ouvindo tudo. Sem abrir a boca.

Até o dia em que Joy deu uma aula sobre o céu. Ela falou sobre como seria ver Deus. Falou sobre um lugar onde não haveria choro e onde ninguém morreria.

Barbara ficou fascinada. Não tirava os olhos de Joy.

Ela ouviu com avidez. Em seguida, ergueu a mão.

— Sra. Joy!

Joy ficou surpresa. Barbara nunca fizera uma pergunta até então.

— Sim, Barbara.

— No céu podem entrar garotas como eu?

Mais uma vez, eu daria tudo para ver o rosto de Jesus quando aquela breve oração chegou a seu trono — porque era exatamente isto: uma oração.

Uma oração sincera para que um Deus bondoso no ceú se lembrasse de uma alma esquecida na terra. Uma oração para que a graça de Deus penetrasse nas rachaduras e cobrisse alguém que a igreja deixara escapar. Uma oração para que o Senhor tomasse uma vida que ninguém mais poderia usar e a usasse como ninguém mais seria capaz de fazer.

Não era uma oração feita a partir de um púlpito, mas na cama de um lar em processo de cura. Não era a oração confiante de um seminarista de terno, mas susurrada com temor por um alcoólico em recuperação.

Uma oração para que Deus fizesse o que ele sabe fazer melhor: transformar o que é comum em algo extraordinário. Para mais uma vez usar o bordão e dividir o mar. Para pegar uma pedrinha e matar um gigante como Golias. Para transformar a água e em um saboroso vinho. Para alimentar uma multidão com o almoço de um jovem camponês. Para tomar um pouco de lama nos dedos e restaurar a visão. Para que três regos e duas estacas se tornassem a esperança da humanidade. Para que uma mulher rejeitada fosse missionária.

*

Há dois túmulos neste capítulo. O primeiro é o túmulo solitário no Cemitério Locke Hill. O túmulo de Grace Llewellen Smith. Ela não conheceu o amor. Ela não conheceu a satisfação. Ela só conheceu o sofrimento gravado como epitáfio em sua lápide e sua vida.

Dorme, mas não descansa.
Amou, mas não foi amada.
Tentou agradar, mas não foi agradada.
Morreu como viveu — sozinha.

Esse, porém, não é o único túmulo dessa história. O segundo fica próximo a um poço. A lápide? Um cântaro. Um cântaro esquecido. Não há nenhuma palavra gravada, mas é grande o seu significado, pois foi ali que a insignificância foi sepultada.

Para refletir e discutir

1. Se você tivesse de escrever um epitáfio para si que expressasse seu momento atual na vida, que palavras usaria?
2. Leia João 4:4-42. De que forma Jesus usa as próprias necessidades como ferramentas de evangelismo (v. 6-15)? O que podemos aprender com isso? Qual é a "água viva" de que Jesus fala no versículo 10? O que ela faz?
3. Identifique a maior lição que você aprendeu com a história da mulher samaritana.
4. Sente-se com um amigo, uma amiga ou seu cônjuge e escreva em um papel aquilo que dá propósito e sentido à sua vida. Seja específico. Da próxima vez que você se sentir oprimido pelas marés da futilidade, pegue essa lista e leia.
5. Você conhece alguém como Grace Llewellen Smith? O que pode fazer para ajudar gente assim a se sentir mais valorizada? Por que não fazer isso hoje mesmo?

Capítulo 6:

MARIA, MARTA E LÁZARO

Ali prepararam um jantar para Jesus. Marta servia, enquanto Lázaro estava à mesa com ele. Então Maria pegou um frasco de nardo puro, que era um perfume caro, derramou-o sobre os pés de Jesus e os enxugou com os seus cabelos. E a casa encheu-se com a fragrância do perfume.

João 12:2,3

O seu lugar na banda de Deus

Passei dois anos de minha adolescência carregando uma tuba na banda marcial do meu colégio durante o ensino médio. Minha mãe queria que eu aprendesse a ler partituras, e o coro estava completo, ao passo que a banda não tinha um tocador de tuba, por isso me inscrevi. Não foi necessariamente o que poderíamos descrever como um chamado de Deus, mas também não foi uma perda de tempo.

Namorei uma menina que fazia coreografias.

Aprendi a polir sapatos brancos dentro do ônibus da escola.

Aprendi que, quando você não sabe a música, precisa encostar os lábios no instrumento e fingir tão bem que ninguém tenha dúvidas de que sabe o que está fazendo.

E aprendi alguns fatos interessantes sobre harmonia que transmitirei a você.

Eu marchava perto do tocador de bumbo. Que grande som. Bum! Bum! Bum! Profundo, cavernoso, parecia um trovão. Na medida certa e na música certa, não há nada melhor do que o som de um bumbo. Bum! Bum! Bum!

E no fim do meu lado da banda marchava a turma das flautas. Ah, como a música deles se elevava. Sussurrando, subindo até chegar nas nuvens.

À minha frente, bem diante da minha fila, estava o nosso principal trompetista. Um membro da banda, no sentido mais completo da expressão. Enquanto alguns rapazes se dedicavam ao basquete ou dirigiam carros tunados, ele tocava trompete. E era muito bom naquilo. Bastava colocá-lo no meio do campo e deixá-lo à vontade. Ele era capaz de elevar o espírito. Com sua música, podia hastear a bandeira e até romper a barreira do teto do estádio — se houvesse um teto.

As flautas e os trompetes possuem sons bem diferentes. (Viu? Eu disse que aprendi um monte de coisas na banda.) A flauta sussurra. O trompete grita. A flauta conforta. O trompete anuncia. Não há nada como um trompete — em doses limitadas, é claro. As pessoas só conseguem ouvir seu som forte por determinado período de tempo. Depois, precisam de algo mais suave, mais doce: a flauta. Mas até mesmo o som da flauta pode ficar sem graça, se não houver ritmo ou cadência. É por isso que você precisa também do bumbo.

Mas quem quer um bumbo tocando sozinho? Você já viu alguma banda composta apenas por bumbos? Você assistiria a um concerto de uma centena de bumbos? Provavelmente não. Mas que banda sobreviveria sem bumbos, sem flautas ou sem trompetes?

A flauta suave
precisa
do trompete impetuoso
que precisa
do bumbo cadenciado
que precisa
da flauta suave
que precisa
do trompete impetuoso

Captou a ideia? A palavra que une tudo é "precisa". Os instrumentos precisam uns dos outros.

Sozinhos, eles produzem música. Juntos, porém, produzem encanto.

Pois bem, o que eu vi há duas décadas na banda vejo hoje na igreja. Precisamos uns dos outros. Não é necessário que todos nós toquemos o mesmo instrumento. Alguns cristãos são imponentes, outros são sólidos. Alguns mantêm a cadência, ao passo que outros lideram a banda. Não produzimos todos o mesmo som. Alguns são suaves; outros, poderosos. E nem todos nós temos a mesma capacidade. Alguns precisam estar no meio de campo para hastear a bandeira. Outros precisam estar lá atrás, ao fundo, para fornecer a base. Mas cada um de nós tem o seu lugar.

Alguns tocam o bumbo (como Marta).

Outros tocam a flauta (como Maria).

E outros tocam o trompete (como Lázaro).

Maria, Marta e Lázaro eram como a própria família de Jesus. Depois que o Senhor ressuscitou Lázaro dos mortos, eles resolveram oferecer um jantar para Jesus. Decidiram honrá-lo com uma festa em sua homenagem (cf. João 12:2).

Não ficaram discutindo sobre quem sentaria no melhor lugar. Nenhum deles se ressentia pela capacidade dos outros. Nenhum deles tentava superar os demais. Todos os três trabalhavam juntos com um só propósito. Mas cada um cumpria seu propósito de maneira singular. Marta servia; sempre mantinha todas as coisas e pessoas em ordem. Maria louvava; ela ungiu seu Senhor com um presente extraordinário, e o aroma do perfume que usou para isso encheu o ambiente. Lázaro tinha uma história para contar, e estava pronto para dar seu testemunho.

Três pessoas, cada uma com uma habilidade diferente, uma capacidade diferente. Mas todas com valor equivalente. Pense nisso. Será que aquela família poderia passar sem um dos três?

Será que nós podemos dispensar um dos três hoje em dia?

Toda igreja precisa de uma Marta. Vamos mudar a frase: toda igreja precisa de uma centena de Martas. Elas arregaçam a manga da camisa para manter o ritmo da igreja. Por causa das Martas, o orçamento da igreja se equilibra, os bebês dormem tranquilos durante o culto e o novo templo da igreja é erguido. Você só passa a valorizar as Martas quando deixa de ter uma na igreja. Sem elas, as Marias e os Lázaros ficam perdidos, andando pela igreja à procura da chave da sala, do interruptor do aparelho de ar condicionado e do *datashow*.

Martas são como aquele coelhinho do anúncio da pilha. Elas continuam funcionando sem parar. Acumulam suas forças como o camelo estoca água. Como não costumam estar sob os holofotes, não recebem os aplausos. Até merecem ser aplaudidas, mas não precisam disso para trabalhar.

Toda Marta tem uma missão. Na verdade, se as Martas possuem uma fraqueza, está em sua tendência de colocar a missão acima do Mestre. Lembra quando Marta fez isso? Ainda jovem, ela convidou Jesus para jantar. Jesus aceitou e levou os discípulos.

Na cena que Lucas descreve, Marta fica furiosa porque Maria está (o horror dos horrores!) sentada aos pés de Jesus. Que coisa sem sentido! Que coisa irrelevante! Que coisa desnecessária! Quer dizer, quem tem tempo de sentar-se e ouvir quando há pão a ser cozido, mesas a serem servidas e almas a serem salvas? Por isso, Marta reclamou: "Senhor, não te importas que minha irmã tenha me deixado sozinha com o serviço? Dize-lhe que me ajude!" (Lucas 10:40).

Ah, meu Deus! Que falta de paciência. De repente, Marta deixou de servir a Jesus para fazer-lhe exigências. O ambiente foi tomado pelo silêncio. Os discípulos baixaram os olhos. Maria ficou enrubescida. E aí, Jesus fala. Ele fala não apenas a Marta de Betânia, mas a todas as Martas que tendem a pensar que o bumbo é o único instrumento da banda.

"Marta! Marta! Você está preocupada e inquieta com muitas coisas; todavia apenas uma é necessária. Maria escolheu a boa parte, e esta não lhe será tirada" (Lucas 10:41,42).

Aparentemente, Marta captou a mensagem, pois mais tarde a encontramos servindo de novo.

> Ali prepararam um jantar para Jesus. Marta servia, enquanto Lázaro estava à mesa com ele. Então Maria pegou um frasco de nardo puro,

> que era um perfume caro, derramou-o sobre os pés de Jesus e os enxugou com os seus cabelos. E a casa encheu-se com a fragrância do perfume.
>
> João 12:2,3

Maria está na cozinha? Não: está tocando sua flauta para Jesus. Está louvando, pois é isso que gosta de fazer. Dessa vez, porém, Marta não se opõe. Ela aprendeu que há um lugar para a adoração e o louvor, e é isso que Maria está fazendo. E qual é a parte de Maria no jantar? Ela traz um frasco de um perfume muito caro e o derrama nos pés de Jesus; em seguida, seca-os com os próprios cabelos. O aroma do perfume toma conta da casa, assim como o som de louvor pode encher uma igreja.

Se fosse antes, Marta teria oferecido resistência. Um ato como aquele seria um desperdício, uma extravagância, uma generosidade excessiva. Mas essa nova Marta, mais madura, aprendeu que, assim como há lugar no reino de Deus para o serviço sacrificial, também há lugar para o louvor extravagante.

Marias são dotadas desse louvor. Elas não se limitam a cantar; louvam também. Não se limitam a frequentar a igreja; estão ali para oferecer adoração. Não apenas falam de Cristo, mas o irradiam.

Marias têm um pé no céu e o outro nas nuvens. Não é fácil para elas colocar os pés na terra, mas, às vezes, é necessário. De vez em quando, alguém precisa lembrá-las de que há contas que precisam ser pagas e classes que precisam de aulas.

No entanto, não seja muito duro quando tiver de lembrá-las disso. Flautas são instrumentos frágeis. Marias são almas preciosas que possuem um coração terno. Se elas conseguirem encontrar um lugar aos pés de Jesus, não peça que saiam. Muito melhor é pedir que orem por você.

É o que eu faço. Quando encontro uma Maria (ou um Miguel), a primeira coisa que faço é perguntar: "O que é necessário para eu entrar em sua lista de oração?"

Toda igreja precisa desesperadamente de algumas Marias.

Precisamos delas para orar por nossos filhos.

Precisamos delas para colocar mais paixão em nossa adoração.

Precisamos delas para escrever canções de louvor e cantar versos de glorificação.

Precisamos delas para se ajoelharem, chorarem e erguerem as mãos ao céu em oração.

Precisamos delas porque temos a tendência de esquecer como Deus gosta de ser adorado.

Marias não se esquecem. Elas sabem que Deus deseja ser reconhecido como Pai. Sabem que um pai, mais do que tudo, gosta de ver os filhos sentados a seus pés e de passar um tempo com eles.

E Marias são boas nisso.

Elas também são muito cuidadosas. Elas precisam meditar com frequência em Lucas 6:46. "Por que vocês me chamam 'Senhor, Senhor' e não fazem o que eu digo?"

Marias precisam se lembrar de que o serviço também é uma maneira de adorar.

Martas precisam se lembrar de que a adoração também é uma maneira de servir.

E Lázaro? Ele precisa se lembrar de que nem todo mundo toca trompete.

Veja bem, até onde sabemos, Lázaro não fez nada naquele jantar. A única coisa que ele fez foi do lado de fora da casa. Leia atentamente João 12:9-11:

> Enquanto isso, uma grande multidão de judeus, ao descobrir que Jesus estava ali, veio, não apenas por causa de Jesus, mas também para ver Lázaro, a quem ele ressuscitara dos mortos. Assim, os chefes dos sacerdotes fizeram planos para matar também Lázaro, pois por causa dele muitos estavam se afastando dos judeus e crendo em Jesus.

Lázaro recebeu um trompete para tocar. Ele tinha um testemunho a dar — e que grande testemunho era o dele! Imagine-o contando:

> Sempre fui um sujeito legal. Pagava minhas contas. Amava minhas irmãs. Até gostava de andar com Jesus. Mas eu não era um de seus discípulos. Eu não era tão chegado a ele quanto Pedro, Tiago e os outros caras. Eu ficava à distância. Nada pessoal. Eu só não queria que ninguém me desse ordens.
>
> Foi então que fiquei doente. E depois, morri. Sério, morri de verdade.
>
> Mortinho da silva. Frio como uma pedra. Nenhum sinal de vida. Não respirava. Nada. Morri para tudo. Aí eu encontrei a vida na sepultura. Jesus me chamou do lado de fora. E quando ele falou, meu coração começou a bater, minha alma se moveu e eu estava vivo de novo. E quero que você saiba que ele pode fazer o mesmo por sua vida.

Deus deu a Marta o bumbo do serviço. Deus entregou a Maria a flauta do louvor. E Deus colocou nas mãos de Lázaro um trompete. E Lázaro foi para o meio do palco tocá-lo.

Deus ainda entrega trompetes. Deus ainda chama as pessoas que estão no fundo do poço. Deus ainda faz com que algumas pessoas deem um testemunho do tipo "me belisca porque acho que estou sonhando" ou "é bom demais para ser verdade". Mas nem todos podem oferecer esses testemunhos tão radicais. Quem deseja uma banda cheia de trompetes?

Alguns convertem os perdidos. Outros encorajam os salvos. E há os que mantêm tudo isso em movimento. Todos são necessários.

Se Deus chamou você para ser uma Marta, então sirva! Anuncie ao mundo que há um quê de proclamação em alimentar os pobres e um pouco de adoração em cuidar dos doentes.

Se Deus chamou você para ser uma Maria, então adore! Anuncie ao mundo que não temos de estar o tempo todo ocupados para sermos santos. Com seu exemplo, incentive-nos a largar a prancheta e o megafone para dedicarmos um tempo à adoração silenciosa.

Se Deus chamou você para ser um Lázaro, então testemunhe! Lembre o restante das pessoas que todas elas também têm uma história para contar. Todos nós temos vizinhos que não conhecem Jesus. Nós também morremos e ressuscitamos.

Cada um de nós tem lugar reservado à mesa.

A não ser uma pessoa. Havia uma pessoa na casa de Marta que não encontrou lugar para ficar. Embora ele estivesse perto de Jesus por tanto tempo quanto todos os outros, estava muito distante em termos de fé. Seu nome era Judas. Ele era um ladrão. Quando Maria derramou o perfume, ele simulou espiritualidade. "Por que este perfume não foi vendido, e o dinheiro dado aos pobres?", questionou. Mas Jesus conhecia o coração de Judas, por isso defendeu o ato de adoração de Maria. Anos depois, João explicaria que Judas era um ladrão (João 12:5,6). Durante todos aqueles anos, ele se aproveitara do fato de ser o tesoureiro do grupo para roubar. Queria que o perfume fosse vendido e o dinheiro, levado à tesouraria, para que pudesse colocar suas mãos sujas nesses recursos financeiros.

Que final triste para uma história tão linda. Mas, ao mesmo tempo, que final apropriado. Pois em toda igreja há aqueles que, como Marta, dedicam o tempo ao serviço. Há aqueles que, como Maria, dedicam tempo à adoração. Há aqueles que, como Lázaro, dedicam tempo ao testemunho.

E há aqueles que, como Judas, se aproveitam de tudo e não oferecem nada em retribuição. Você é um Judas? Faço essa pergunta com muito cuidado, embora de maneira sincera. Você está perto de Cristo, mas longe do coração do Mestre? Você participa do jantar, mas sua alma está amargurada? Está sempre criticando os dons dos outros, mas raramente ou nunca exerce os seus? Você se beneficia da igreja, mas nunca entrega nada a ela? Doa só os restos enquanto os demais se sacrificam? Você é um Judas?

Você só recebe, recebe, recebe, mas nunca entrega nada? Se é assim, você é o Judas dessa história.

Se é uma Marta, mantenha o vigor. Deus olha para o seu serviço.

Se é uma Maria, não perca a coragem. Deus recebe a sua adoração.

Se é um Lázaro, seja forte. Deus honra a sua convicção.

Se é um Judas, tome cuidado. Deus enxerga o seu egoísmo.

PARA REFLETIR E DISCUTIR

1. Você se identifica mais com Marta, com Maria ou com Lázaro? Explique.
2. Descreva algumas Martas, algumas Marias e alguns Lázaros de sua igreja.
3. Marias precisam se lembrar de que o serviço também é uma maneira de adorar.
   Martas precisam se lembrar de que a adoração também é uma maneira de servir.
   Lázaros precisam se lembrar de que nem todo mundo toca trompete.
   De que maneira o serviço também é uma maneira de adorar? E como a adoração também é uma maneira de servir?
4. Você está satisfeito com o lugar que ocupa na banda de Deus? Por quê?
5 Leia Romanos 12:4-8. O que essa passagem nos ensina a respeito da unidade? O que ensina sobre diversidade? O que ensina sobre a relação entre as duas coisas?

Capítulo 7:

ABIGAIL

Imediatamente, Abigail pegou duzentos pães, duas vasilhas de couro cheias de vinho, cinco ovelhas preparadas, cinco medidas de grãos torrados, cem bolos de uvas passas e duzentos bolos de figos prensados, e os carregou em jumentos. E disse a seus servos: "Vocês vão na frente; eu os seguirei." Ela, porém, nada disse a Nabal, seu marido. Enquanto ela ia montada num jumento, encoberta pela montanha, Davi e seus soldados estavam descendo em sua direção, e ela os encontrou. Davi tinha dito: "De nada adiantou proteger os bens daquele homem no deserto, para que nada se perdesse. Ele me pagou o bem com o mal. Que Deus castigue Davi, e o faça com muita severidade, caso até de manhã eu deixe vivo um só do sexo masculino de todos os que pertencem a Nabal!" Quando Abigail viu Davi, desceu depressa do jumento e prostrou-se perante Davi, rosto em terra. Ela caiu a seus pés e disse: "Meu senhor, a culpa é toda minha. Por favor, permite que tua serva te fale; ouve o que ela tem a dizer. Meu senhor, não dês atenção àquele homem mau, Nabal. Ele é insensato, conforme o significado do seu nome; e a insensatez o acompanha. Contudo, eu, tua serva, não vi os rapazes que meu senhor enviou." [...] Davi disse a Abigail: "Bendito seja o SENHOR, o Deus de Israel, que hoje a enviou ao meu encontro. Seja você abençoada pelo seu bom senso e por evitar que eu hoje derrame sangue e me vingue com minhas próprias mãos. De outro modo, juro pelo nome do SENHOR, o Deus de Israel, que evitou que eu lhe fizesse mal, que, se você não tivesse vindo depressa encontrar-me, nem um só do sexo masculino pertencente a Nabal teria sido deixado vivo ao romper do dia." Então Davi aceitou o que Abigail lhe tinha trazido e disse: "Vá para sua casa em paz. Ouvi o que você disse e atenderei o seu pedido."

1 SAMUEL 25:18-25,32-35

Um comportamento bárbaro

Ernest Gordon geme na Casa da Morte de Chungkai, em Burma. Ele ouve os lamentos dos moribundos e sente o fedor dos mortos. O calor implacável da selva tosta sua pele e faz ressecar sua garganta. Se ele tivesse forças, poderia envolver a coxa magra com uma das mãos. Mas ele não tinha energia nem vontade. A difteria havia drenado a ambas.

Não consegue andar. Não consegue sequer sentir o corpo. Divide uma cabana com mosquitos e percevejos, e espera pela morte solitária em um campo de prisioneiros japonês.

Como a guerra foi dura com ele... Gordon entrara na Segunda Guerra Mundial quando ainda estava na faixa dos 20 anos e era um soldado robusto da Agyle e Sutherland Brigade, da Escócia. No entanto, foi capturado pelos japoneses. Aí vieram o trabalho forçado na selva, as surras diárias e a fome cada vez maior. A Escócia parecia distante para sempre. A civilização, mais ainda.

Os soldados aliados se comportavam como bárbaros, roubando uns dos outros, tirando coisas dos colegas moribundos, brigando por migalhas. Quem distribuía as rações enganava os demais para manter para si uma quantidade extra. A lei da selva se tornara a lei do campo de prisioneiros.

Gordon está feliz por dar adeus àquele sofimento. A morte por doença supera a vida em Chungkai. Mas é então que algo maravilhoso acontece. Dois novos prisioneiros, nos quais ainda há um pouco de esperança, são transferidos para o campo. Embora também estejam doentes e frágeis, eles agem de um modo bem diferente. Eles compartilham a pouca comida que têm e se oferecem como voluntários para o trabalho extra. Limpam as feridas inflamadas de Gordon e massageiam suas pernas atrofiadas. Dão nele o primeiro banho nas últimas seis semanas. A força de Gordon volta aos poucos, e junto com ela, sua dignidade.

A bondade é contagiosa, e Gordon adere à causa. Ele começa a cuidar dos doentes e a compartilhar suas rações. Ele até abre mão dos poucos pertences que lhe sobraram. Outros soldados fazem o mesmo. Com o tempo, a atmosfera no campo de prisioneiros se torna menos tensa e mais iluminada. O sacrifício substitui o egoísmo. Os soldados promovem cultos de adoração e estudos bíblicos.

Vinte anos depois, capelão da Universidade de Princeton, Gordon descreve a transformação daquele lugar com estas palavras:

> A morte ainda estava rondando, ninguém tinha qualquer dúvida. Aos poucos, porém, fomos sendo libertados de sua força destrutiva [...] Egoísmo, ódio [...] e orgulho eram fatores de destruição da vida. Amor [...] sacrifício pessoal [...] e fé, em contrapartida, eram a essência da vida [...] dons de Deus aos homens [...] A morte não tinha mais a última palavra em Chungkai.[1]

Egoísmo, ódio e orgulho — você não precisa visitar um campo de prisioneiros de guerra para encontrar esses sentimentos. Um alojamento de estudantes ou operários já é suficiente. Assim como a sala de reuniões de uma grande empresa, o quarto de alguns casais ou até mesmo uma fazenda. A lei da selva está viva e funcionando muito bem. *Cada um por si. Cada um que se vire com o que é seu e o que não é. É a lei do mais forte.*

Será que essa lei já contaminou o seu mundo? Os pronomes possessivos dominam a linguagem de seu círculo de relacionamentos? *Minha* carreira, *meus* sonhos, *minhas* coisas. Quero que tudo seja do *meu* jeito e de acordo com a *minha* agenda. Afinal, você sabe como esse mundo pode ser selvagem. Ainda assim, de vez em quando, um diamante brilha no meio da lama. Um companheiro partilha, um soldado cuida ou então uma Abigail, uma surpreendente Abigail, surge no meio do caminho.

Ela viveu na época de Davi e era casada com Nabal, cujo nome em hebraico significa "tolo". Ele viveu para justificar esse nome.

Pense nele como o Saddam Hussein da região. Possuía bois e ovelhas, dos quais se orgulhava. Sua adega estava sempre cheia. A vida sexual também era muito ativa. Circulava em uma enorme limusine. Tinha cadeira cativa na tribuna de honra do Maracanã; seu jatinho estava esperando por ele o tempo todo no aeroporto; e a qualquer momento poderia dar um pulinho em Las Vegas para passar o fim de semana jogando. Meia dúzia de seguranças, todos parrudos, o seguiam aonde fosse.

Nabal precisava dessa proteção. Ele era "... descendente de Calebe [...] rude e mau [...] Ele é um homem tão mau que ninguém consegue conversar com ele" (1 Samuel 25:3,17).[2] Havia aprendido a tratar as pessoas em um jardim zoológico da região. Jamais conheceu alguém que deixasse de se irritar com ele, nem um relacionamento que não conseguisse estragar. O mundo de Nabal existia em função de apenas uma pessoa: Nabal. Ele não devia nada a ninguém e ainda ria diante do simples pensamento de que precisaria dividir o que tinha com os outros.

Especialmente Davi.

Davi era uma espécie de Robin Hood do deserto. Ele e seus seiscentos soldados protegiam os fazendeiros e os rebanhos dos ladrões e beduínos. Israel não tinha polícia nem guardas rodoviários, por isso Davi e seus homens poderosos supriam essa demanda no campo. Eles eram tão eficientes nesse serviço de segurança a ponto de um dos pastores de Nabal dizer: "Dia e noite eles eram como um muro ao nosso redor, durante todo o tempo em que estivemos com eles cuidando de nossas ovelhas" (1 Samuel 25:16).

Davi e Nabal dividiam o território com uma harmonia semelhante à de dois touros no mesmo pasto. Ambos eram fortes e obstinados. Um conflito entre os dois era apenas uma questão de tempo.

A encrenca começou a ganhar corpo depois da colheita. Depois de tosquiar as ovelhas e juntar o feno, chegara a hora de cozinhar os pães, colocar um cordeiro para assar e tomar vinho. Tempo de largar o arado e os rebanhos para aproveitar o fruto de tanto trabalho. Como podemos depreender da história, os homens de Nabal estão fazendo exatamente isso.

Davi ouve falar da festa e acredita que seus homens devem participar também. Afinal de contas, eles protegeram as plantações e as ovelhas daquele homem, patrulharam as montanhas e tomaram conta dos vales. Eles merecem um pouco de generosidade. Davi envia dez homens a Nabal com o seguinte pedido: "Por isso, seja favorável, pois estamos vindo em época de festa. Por favor, dê a nós, seus servos, e a seu filho Davi o que puder" (1 Samuel 25:8).

Nabal, rude como ele só, acha engraçada e ridiculariza a ideia de Davi: "Quem é Davi? Quem é esse filho de Jessé? Hoje em dia muitos servos estão fugindo de seus senhores. Por que deveria eu pegar meu pão e minha água, e a carne do gado que abati para meus tosquiadores, e dá-los a homens que vêm não se sabe de onde?" (1 Samuel 25:10,11).

Nabal finge que nunca ouviu falar de Davi, comparando-o com escravos fugidos e vagabundos. Tal insolência enfurece os mensageiros. Eles dão as costas a Nabal e voltam correndo para Davi, a quem prestam um relatório completo.

Davi não precisa ouvir as notícias duas vezes. Ele instrui seus homens a se organizar. Ou, mais precisamente, a colocar as "espadas na cintura" (1 Samuel 25:13). Quatrocentos homens montam e partem. Seus olhos estão faiscando. Soltam fogo pelas narinas. Os dentes estão cerrados. Os níveis de testosterona estão muito elevados. Davi e suas tropas partem para cima de Nabal, o vilão, que obviamente está tomando cerveja e comendo um churrasco com os amigos. A estrada treme enquanto Davi diz: "Que Deus castigue Davi, e o faça com muita severidade, caso até de manhã eu deixe vivo um só do sexo masculino de todos os que pertencem a Nabal!" (1 Samuel 25:22).

Espere um pouco. Isso é o velho oeste americano no Antigo Oriente.

É então que, de repente, surge aquela bela mulher. Uma margarida floresce no meio do deserto; um cisne pousa no meio de um frigorífico; uma brisa perfumada se espalha pelo alojamento dos homens. Abigail, esposa de Nabal, aparece no meio do caminho. Enquanto ele é estúpido e mau, ela é "mulher inteligente e bonita" (1 Samuel 25:3).

Cérebro *e* beleza. Abigail colocou as duas coisas para funcionar. Quando ela fica sabendo da resposta cruel de Nabal, logo entra em ação. Sem falar nada ao marido, ela juntou presentes e correu para interceptar Davi. Quando Davi e seus homens desciam uma ravina, ela tomou posição, armada com "duzentos pães, duas vasilhas de couro cheias de vinho, cinco ovelhas preparadas, cinco medidas de grãos torrados, cem bolos de uvas passas e duzentos bolos de figos prensados", carregados em jumentos (1 Samuel 25:18).

Os quatrocentos homens interromperam sua cavalgada. Alguns arregalaram os olhos com tanta comida; outros ficaram fascinados com aquela mulher. Ela é linda e cozinha bem, uma combinação capaz de parar qualquer exército. (Imagine uma bela loura aparecendo em um quartel com um caminhão cheio de hambúrgueres e sorvete.)

Abigail não é bobinha. Ela sabe da importância daquele momento, por isso formou a última barreira entre sua família e a morte certa. Prostrando-se aos pés de Davi, ela faz um apelo digno de um parágrafo inteiro das Escrituras: "Meu senhor, a culpa é toda minha. Por favor, permite que tua serva te fale; ouve o que ela tem a dizer" (1 Samuel 25:24).

Ela não defende Nabal, mas concorda que ele é um canalha. Implora não por justiça, mas por perdão, aceitando a culpa que não tem: "Esquece, eu te suplico, a ofensa de tua serva..." (1 Samuel 25:28).

Ela oferece os presentes que trouxe de casa e pede a Davi que entregue Nabal nas mãos de Deus, evitando o peso do remorso. As palavras daquela mulher derretem a frieza de Davi como o sol forte transforma o gelo em água.

> Bendito seja o Senhor, o Deus de Israel, que hoje a enviou ao meu encontro. Seja você abençoada pelo seu bom senso e por evitar que eu hoje derrame sangue e me vingue com minhas próprias mãos. De outro modo, juro pelo nome do Senhor, o Deus de Israel, que evitou que eu lhe fizesse mal, que, se você não tivesse vindo depressa encontrar-me, nem um só do sexo masculino pertencente a Nabal teria sido deixado vivo ao romper do dia [...] Ouvi o que você disse e atenderei o seu pedido.
>
> 1 Samuel 25:32-35

Davi volta ao acampamento. Abigail volta para Nabal e o encontra tão bêbado que nem consegue conversar. Por isso, espera pela manhã seguinte para descrever quão perto Davi esteve dali e como o marido escapou por pouco da morte. "Ele sofreu um ataque e ficou paralisado como uma pedra. Cerca de dez dias depois, o Senhor feriu Nabal, e ele morreu" (1Samuel 25:37-38).

Quando Davi toma conhecimento da morte de Nabal e que Abigail ficou viúva e disponível, ele agradece a Deus pela primeira notícia e aproveita a segunda. Incapaz de tirar da cabeça a lembrança daquela bela mulher no meio da estrada, ele faz uma proposta de casamento, e ela aceita. Davi agora tem uma nova esposa, ela tem um novo lar e nós aprendemos um grande princípio: a beleza pode vencer a barbárie.

A brandura salvou a situação naquele dia. A gentileza de Abigail reverteu um rio de ira. A humildade tem esse poder. Um pedido de desculpas é capaz de acabar com uma discussão. A contrição pode neutralizar a fúria. Ramos de oliva possuem maior potencial para produzir o bem do que qualquer arma. "Com muita paciência pode-se convencer a autoridade, e a língua branda quebra até ossos" (Provérbios 25:15).

Abigail tem muito a nos ensinar. O poder contagiante da gentileza. A força de um coração bondoso. Sua maior lição, porém, é outra: devemos tirar os olhos de sua beleza natural e apontá-los para outra pessoa. Ela tira nossos pensamentos de uma estrada rural e os conduz a uma cruz em Jerusalém. Abigail nunca conheceu Jesus. Ela viveu mil anos antes de seu sacrifício. Apesar disso, a história dela prefigura a vida dele.

Abigail se colocou entre Davi e Nabal. Jesus se colocou entre Deus e nós. Abigail se ofereceu voluntariamente para ser punida pelos pecados de Nabal. Jesus permitiu-se ser punido pelos seus e pelos meus pecados. Abigail desviou a ira de Davi. Não foi a mesma coisa que Cristo fez em relação à ira divina contra nós?

Ele foi nosso "mediador entre Deus e os homens: o homem Cristo Jesus, o qual se entregou a si mesmo como resgate por todos" (1 Timóteo 2:5,6). O que é um mediador, senão alguém que se coloca entre uma pessoa e outra? E o que fez Cristo? Ele se colocou entre a ira de Deus e nosso castigo. Cristo interceptou a ira divina.

Algo remotamente parecido aconteceu no campo de prisioneiros de Chungkai. Em determinada noite, depois de um dia de trabalhos forçados, um guarda japonês anunciou que uma pá havia desaparecido. O oficial mandou que os soldados aliados formassem filas, insistindo que alguém tivesse roubado a ferramenta. Gritando em um péssimo inglês, ele exigiu que o culpado desse um passo à frente. Em seguida, pegou o rifle e assumiu posição de tiro, pronto para matar um prisioneiro de cada vez até que alguém confessasse o roubo.

Um soldado escocês saiu da fila, assumiu posição de sentido e declarou: "Fui eu que roubei." O oficial descarregou sua raiva e espancou o homem até a morte. Quando o guarda ficou exausto de tanto bater, os prisioneiros pegaram o corpo do soldado morto, suas ferramentas e voltaram ao campo. Só então as pás foram recontadas. O soldado japonês havia cometido um erro. Ninguém havia roubado pá alguma.[3]

Quem faz uma coisa assim? Que tipo de pessoa seria capaz de assumir a culpa por algo que não fez?

Quando você encontrar um adjetivo apropriado, aplique-o a Jesus. "... o SENHOR fez cair sobre ele a iniquidade de todos nós" (Isaías 53:6). Deus tratou seu Filho inocente como a raça humana condenada; seu Santo como um ladrão; alguém com a postura de Abigail como se fosse um Nabal.

Cristo viveu a vida que não poderíamos viver e assumiu o castigo que não poderíamos suportar para oferecer uma esperança à qual não poderíamos resistir. Seu sacrifício nos leva a fazer a seguinte pergunta: Se ele nos amou tanto, por que não podemos amar uns aos outros da mesma maneira? Tendo sido perdoados, por que não podemos perdoar? Tendo participado de um banquete à mesa da graça, por que não podemos compartilhar, pelo menos, algumas migalhas? "Amados, visto que Deus assim nos amou, nós também devemos amar uns aos outros" (1 João 4:11).

Você acha difícil enfrentar este mundo tão cruel? Então faça o que Davi fez: pare de olhar para Nabal. Redirecione o seu olhar para Cristo. Olhe mais para o Mediador e menos para os encrenqueiros. "Não se deixem vencer pelo mal, mas vençam o mal com o bem" (Romanos 12:21). Um prisioneiro pode mudar um acampamento. Uma Abigail pode salvar uma família. Seja a bela entre as feras e veja o que vai acontecer.

Para refletir e discutir

1. Descreva uma situação em que você testemunhou como a boa influência de uma pessoa pôde mudar o ambiente de um grupo ou uma organização.
2. Que ambiente específico você poderia modificar com sua influência positiva?
3. De que forma você poderia representar a "beleza" que promove a paz em uma situação tensa ou de conflito? Qual seria o seu objetivo?
4. Leia Provérbios 15:1. Que parte desse versículo a vida de Nabal exemplificava? E Abigail? Com que parte desse versículo você identifica a sua vida?
5. Pense em uma pessoa a quem tenha insultado, prejudicado ou maltratado. Peça a Deus que dê a você a graça e a humildade necessárias para procurar essa pessoa e pedir perdão. Pode ser difícil, mas ore para que o Senhor promova a paz e resolva essa situação.

Capítulo 8:

O PARALÍTICO

Algum tempo depois, Jesus subiu a Jerusalém para uma festa dos judeus. Há em Jerusalém, perto da porta das Ovelhas, um tanque que, em aramaico, é chamado Betesda, tendo cinco entradas em volta. Ali costumava ficar grande número de pessoas doentes e inválidas: cegos, mancos e paralíticos. Eles esperavam um movimento nas águas. De vez em quando descia um anjo do Senhor e agitava as águas. O primeiro que entrasse no tanque, depois de agitadas as águas, era curado de qualquer doença que tivesse. Um dos que estavam ali era paralítico fazia trinta e oito anos. Quando o viu deitado e soube que ele vivia naquele estado durante tanto tempo, Jesus lhe perguntou: "Você quer ser curado?" Disse o paralítico: "Senhor, não tenho ninguém que me ajude a entrar no tanque quando a água é agitada. Enquanto estou tentando entrar, outro chega antes de mim." Então Jesus lhe disse: "Levante-se! Pegue a sua maca e ande." Imediatamente o homem ficou curado, pegou a maca e começou a andar.

João 5:1-9

Luzes intensas em noites escuras

Por muito tempo, essa história não fez o menor sentido para mim. Eu não conseguia entendê-la. Ela fala de um homem que mal tinha fé para se erguer, e mesmo assim Jesus o trata como se estivesse apresentando o próprio filho no altar de Deus. Mártires e apóstolos merecem esse tipo de honra, mas não um mendigo que não reconhece Jesus quando o vê. Pelo menos, era no que eu acreditava.

Por muito tempo, achei que Jesus tinha sido bondoso demais. Eu achava essa história muito estranha. Era boa demais para ser verdade. Foi então que percebi uma coisa: essa história não é a respeito de um inválido de Jerusalém. Ela é sobre você. É sobre mim. O sujeito não é um zé-ninguém. Ele tem nome: o seu. Ele tem um rosto: o meu. Ele tem um problema, como você e eu.

Jesus encontra esse homem perto de um grande tanque a norte do templo, em Jerusalém. Ele tem 110 metros de comprimento, 40 metros de largura e 23 metros de profundidade. Há uma sequência de colunas com cinco pórticos para a água. Trata-se de um monumento à riqueza e à prosperidade, mas quem mora ali são pessoas doentes.

O nome do tanque é Betesda. Poderia ser Central Park, Hospital Metropolitano ou mesmo o botequim do Zé. Poderia ser aquele abrigo embaixo da passarela onde os moradores de rua se amontoam. Poderia ser a Igreja Batista do Calvário. Poderia ser localizado em qualquer lugar onde pessoas feridas se encontram.

Uma fonte sob as águas fazia com que esse tanque, vez por outra, soltasse bolhas. As pessoas acreditavam que essas bolhas eram causadas pelo toque das asas de anjos. Também achavam que a primeira pessoa a tocar a água depois do anjo poderia ser curada. Se a cura acontecia? Não sei, mas sei que uma multidão de inválidos acorria ao local para arriscar a sorte.

Imagine um campo de batalha apinhado de corpos feridos e você verá Betesda. Pense em uma enfermaria superlotada e com poucos funcionários e terá uma imagem do tanque. Tente pensar nos órfãos de Bangladesh ou nos abandonados de Nova Déli, e visualizará o que as pessoas viam quando passavam por Betesda. Ao fazer isso, o que elas ouviam? Ondas intermináveis de gemidos. O que elas testemunhavam? Um campo de gente carente e sem face. O que elas faziam? A maioria passava direto, ignorando aqueles desvalidos.

Mas Jesus não fez isso. Ele está em Jerusalém para participar de um banquete. Está sozinho. Não está ensinando aos discípulos nem arrastando uma multidão. As pessoas precisam dele, por isso ele está ali.

Você consegue imaginar a cena? Jesus caminha entre aqueles que sofrem.

Em que será que ele está pensando? Quando uma mão infectada toca seu tornozelo, o que ele faz? Quando um filho cego tropeça ao seguir a trilha de Jesus, será que ele estende a mão para levantá-lo? Quando a mão de um sujeito encarquilhado se estende para pedir uma esmola, como Jesus reage?

Não importa se o tanque fica em Betesda ou em um botequim — como Deus se sente quando as pessoas sofrem?

Vale a pena contar a história, mesmo se só o imaginamos andando por ali. O simples fato de ele ir ao local já vale a pena. Ele não precisava, você sabe. Com certeza, há muitas outras multidões bem mais higiênicas em Jerusalém. Certamente, há outras atividades mais divertidas. Afinal de contas, é a época da celebração da Páscoa, uma época muito interessante na cidade. As pessoas chegam de muito longe para se encontrar com Deus no templo.

Mal sabem que Deus está com os doentes.

Mal sabem que Deus está caminhando vagarosamente, passando com cuidado entre os mendigos e os cegos.

Mal sabem que o jovem e forte carpinteiro que observa aquele cenário deprimente de sofrimento é Deus.

"Em toda a aflição do seu povo ele também se afligiu..." (Isaías 63:9). Naquele dia, Jesus deve ter sofrido muito.

Naquele dia, Jesus deve ter suspirado várias vezes ao caminhar pelo tanque de Betesda, e ele suspira quando caminha em nossa direção.

Lembra quando eu disse que essa história tinha a ver conosco, você e eu? Lembra quando identifiquei o meu e o seu rosto na Bíblia? Bem, aqui estamos nós, completando os espaços pontilhados entre as letras do versículo 5 de João 5: "Um dos que estavam ali era paralítico fazia trinta e oito anos."

Talvez você não goste de ser descrito dessa maneira. Talvez prefira se ver na coragem de Davi ou na dedicação de Maria. Todos nós preferiríamos. Mas antes que você e eu possamos ser como eles, precisamos admitir que somos como o paralítico. Inválidos, independentemente de nossa opção. Não podemos caminhar. Não podemos trabalhar. Não podemos cuidar de nós mesmos. Não podemos sequer rolar sozinhos pela borda do tanque para mergulhar quando o anjo passar.

Você pode estar segurando este livro com mãos saudáveis e lendo com olhos sãos. Por isso, não consegue imaginar o que tem em comum com aquele homem, inválido há quase quatro décadas. De que maneira ele poderia ser você? O que ele tem a ver conosco?

Simples: nossa situação desagradável e nossa esperança. Sabe a que situação estou me referindo? A que está descrita em Hebreus 12:14: "Esforcem-se para viver em paz com todos e para serem santos; sem santidade ninguém verá o Senhor."

Essa é a nossa situação: apenas os santos verão Deus. Santidade é prerrequisito para o céu. A perfeição é uma exigência para a eternidade. Quiséramos que não fosse. Agimos como se não fosse. Agimos como se bastasse ser "decente" para ver Deus. Supomos que aqueles que se esforçam muito verão Deus. Agimos como se fôssemos bons apenas porque nunca fizemos nada de mau. E essa bondade seria suficiente para nos qualificar para o céu.

Para nós, parece certo, mas não é assim que funciona com Deus. Ele é quem estabelece o padrão. E o padrão é elevado. "Portanto, sejam perfeitos como perfeito é o Pai celestial de vocês" (Mateus 5:48).

Veja bem, de acordo com o plano de Deus, ele é o padrão de perfeição. Nós não nos comparamos com outras pessoas; elas são tão cheias de faltas como nós. A meta é ser como ele; qualquer coisa abaixo disso não serve.

É por isso que digo que o inválido somos eu e você. Nós, tal como ele, estamos paralisados. Nós, tal como o inválido, estamos presos. Nós, tal como o inválido, não saímos do lugar; não há solução para a nossa situação.

Somos nós ali, deitados no chão. Somos nós, feridos e abatidos. Quando se trata da cura de nossa condição espiritual, não temos nenhuma chance. É o mesmo que alguém nos mandar saltar por cima da lua — não temos a menor condição de ser curados. Nossa única esperança é que Deus fará por nós o que ele fez pelo homem no tanque de Betesda: o Senhor sairá do tempo e caminhará por nossa enfermaria de pessoas machucadas e desamparadas.

E é exatamente isso que ele fez.

Leia com calma e cuidado a descrição que Paulo faz do que Deus fez por você:

> Quando vocês estavam mortos em pecados e na incircuncisão da sua carne, Deus os vivificou com Cristo. Ele nos perdoou todas as transgressões, e cancelou a escrita de dívida, que consistia em ordenanças,

> e que nos era contrária. Ele a removeu, pregando-a na cruz, e, tendo despojado os poderes e as autoridades, fez deles um espetáculo público, triunfando sobre eles na cruz.
>
> Colossenses 1:13-15

Quando você olha as palavras que acabou de ler, percebe que elas respondem às suas perguntas. Quem está realizando a obra: você ou Deus? Quem está em atividade? Você ou Deus? Quem está operando a salvação? Você ou Deus? Quem tem a força necessária? E quem está paralisado?

Vamos isolar algumas frases para conferir. Primeiro, olhe para a sua condição. "Quando vocês estavam mortos em pecados e na incircuncisão da sua carne..."

O inválido estava em melhor condição do que nós estamos. Pelo menos, ele estava vivo. Paulo diz que, se você e eu estamos longe de Cristo, então estamos mortos. Espiritualmente mortos. Somos defuntos. Cadáveres. Não há vida em nós. Estamos mortos. Do que uma pessoa morta é capaz? Não dá para fazer muita coisa.

Mas veja o que Deus pode fazer com os mortos.

Deus vivificou você.

Deus o perdoou.

Ele cancelou a dívida.

Ele removeu os registros.

Ele extinguiu as regras.

Ele conquistou a vitória.

Ele mostrou sua obra ao mundo.

Mais uma vez, surge a pergunta: quem agiu? Você e eu... ou Deus? Quem estava preso e quem veio para resgatar?

Deus jogou coletes salva-vidas para todas as gerações.

Veja o caso de Jonas no ventre do grande peixe, cercado por suco gástrico e comida marinha em processo de digestão. Por três dias, Deus permitiu que ele ficasse ali dentro. Por três dias, Jonas pensou a respeito das opções que tinha. E por três dias, chegou à mesma conclusão: suas opções eram nulas. De onde ele estava, só havia duas saídas, e nenhuma delas era muito atraente. No entanto, mais uma vez, Jonas se sentia incapaz. Ele fora um fracasso como pregador. Ele era um fiasco como fugitivo. No máximo, ele é um covarde e no mínimo, um traidor. Mas o que lhe faltou o tempo todo, agora ele tinha em abundância: coragem.

Assim, Jonas faz a única coisa que pode: ele ora. Ele não diz nada sobre quão bom se acha, mas fala muito sobre como Deus é bom. Ele nem mesmo pede ajuda, mas é ajuda que ele recebe. Antes que possa dizer "amém", o peixe tem uma convulsão, arrota e Jonas aterrissa de cara na areia da praia.

Analise o episódio de Daniel na cova dos leões: as perspectivas dele não são muito melhores do que as de Jonas. Enquanto Jonas foi engolido, Daniel está prestes a virar comida. Deitado de costas no chão, sente de perto o ar expelido pelo focinho dos leões. O maior deles coloca uma pata no peito de Daniel e se inclina para tirar o primeiro pedaço... mas não acontece nada. Em vez de mordê-lo, o animal o cutuca. Daniel olha para baixo e vê outro leão esfregando o focinho em sua barriga. Ele rosna, mas sua boca não abre.

É quando Daniel ouve uma risada vinda de um canto. Ele não sabe quem é aquele sujeito, mas com certeza é um ser brilhante e está se divertindo. Em suas mãos, há um rolo de fio de náilon, desses usados em varas de pesca. O semblante de seu rosto é de quem diz: "Olha só o que eu fiz enquanto você não estava olhando."

Ou então, pense em José no poço, um buraco no meio do deserto quente. A tampa foi tirada da abertura e a venda de seus olhos: aqueles são os seus irmãos lá em cima, rindo e comendo como se não tivessem feito nada além de mandá-lo desaparecer (que é o que haviam feito por quase toda a vida dele). Ali estão os seus irmãos, os mesmos que tinham a intenção de abandoná-lo para passar seus dias com as aranhas e cobras e depois morrer no poço.

Como Jonas e Daniel, José está preso. Ele não tem opções. Não há saída. Não há esperança. Mas, como os filhos de Jacó são tão gananciosos quanto maus, José é vendido a alguns ciganos que seguem na direção sul. A partir daí, ele muda a História. Embora a estrada até o palácio passe pela prisão, ela termina no trono. Tempos depois, José se vê diante dos irmãos, mas dessa vez são eles que pedem sua ajuda. E ele é suficientemente sábio para lhes dar o que pedem, e não o que merecem.

Veja ainda o caso de Barrabás, aquele que estava no corredor da morte. A sentença final foi anunciada. A execução já foi agendada. Barrabás passa o tempo jogando paciência em sua cela. Ele está resignado com o fato de que o fim se aproxima. Não apela. Não implora. Não exige. A decisão foi tomada. Barrabás vai morrer.

Assim como Jonas, Daniel e José, não lhe resta mais nada além de lágrimas. E assim como Jonas, Daniel e José, o tempo das lágrimas nunca chega. Os passos do guarda ecoam pelas câmaras. Barrabás acha que ele está trazendo algemas e um último cigarro. Nada disso. O guarda lhe traz roupas comuns. E Barrabás deixa a prisão como um homem livre porque alguém que ele provavelmente nunca viu tomou o seu lugar.

Assim são as histórias da Bíblia. Uma experiência de quase-morte depois da outra. Justamente quando a cabeça está na guilhotina, exatamente quando a corda está no pescoço, chega o calvário.

Anjos batem à porta de Ló — Gênesis 19.

O redemoinho fala em meio ao sofrimento de Jó — Jó 38-42.

O rio Jordão limpa a doença de Naamã — 2 Reis 5.

Um anjo aparece na cela de Pedro — Atos 12.

Os esforços de Deus são mais fortes quando os nossos são inúteis.

Voltemos a Betesda por alguns momentos. Quero que você olhe para o breve e revelador diálogo entre o paralítico e o Salvador. Antes de curá-lo, Jesus lhe faz uma pergunta (João 5:6,7):

— Você quer ser curado?

— Senhor, não tenho ninguém que me ajude a entrar no tanque quando a água é agitada. Enquanto estou tentando entrar, outro chega antes de mim.

O sujeito está reclamando? Sente pena de si mesmo? Ou está apenas narrando os fatos? Quem sabe? No entanto, antes que esse pensamento nos consuma, veja o que acontece em seguida (João 5:8,9): "Então Jesus lhe disse: 'Levante-se! Pegue a sua maca e ande'. Imediatamente o homem ficou curado, pegou a maca e começou a andar."

Eu gostaria que fôssemos capazes de fazer isso. Gostaria que fôssemos capazes de fazer o que Jesus manda, ao pé da letra. Gostaria que aprendêssemos essa lição: o que sai da boca de Jesus é o que acontece. Que paralisia peculiar é essa que nos confina? O que é essa estúpida indisposição de sermos curados? Quando Jesus nos mandar levantar, levantemos.

Quando ele disser que fomos perdoados, vamos deixar de lado o fardo da culpa.

Quando ele disser que temos valor, vamos acreditar nele.

Quando ele disser que viveremos para sempre, vamos deixar o medo.

Quando ele disser que nos dará tudo o que precisarmos, vamos abandonar nossas preocupações.

Quando ele disser "Levante-se", façamos isso.

Adoro a história do recruta que correu atrás do cavalo fugitivo de Napoleão e o capturou. Quando ele levou o animal de volta ao imperador, Napoleão lhe agradeceu da seguinte maneira: "Obrigado, capitão."

Com apenas uma palavra, o recruta foi promovido. Quando o imperador disse aquilo, o recruta acreditou. Ele foi até o quartel, escolheu um novo uniforme e o vestiu. Foi até o alojamento dos oficiais e escolheu uma cama. Depois se dirigiu ao rancho dos oficiais e comeu.

Ele acreditou porque o imperador disse. Como seria bom se fizéssemos a mesma coisa.

Essa é a sua história? Pode ser que sim. Todos os elementos são iguais. Um estranho bondoso entrou em seu mundo sofrido e ofereceu a mão para ajudá-lo. Agora, a decisão de aceitar o gesto é sua.

Para refletir e discutir

1. Com que frequência você deliberadamente opta por circular entre aqueles que sofrem? Você pensa na presença de Jesus no tanque de Betesda como um incentivo ou como uma repreensão (ou ambos)? Explique.
2. De que maneira a história do homem doente serve como uma representação da minha ou da sua história?
3. Max escreve: "Precisamos admitir que somos como o paralítico — inválidos, independentemente de nossa opção." O que ele quer dizer com isso? Você concorda com ele? Por quê?
4. Leia Colossenses 2:13-15. Com base nessa passagem, faça uma lista das coisas que Jesus conquistou por você na cruz.
5. Será que, tal como aconteceu com o paralítico, Jesus está dizendo a você para se "levantar" em alguma área de sua vida? Se a resposta for "sim", diga qual. Se isso está acontecendo, o que você planeja fazer em relação a isso?

Capítulo 9:

JOÃO

Então correu ao encontro de Simão Pedro e do outro discípulo, aquele a quem Jesus amava, e disse: "Tiraram o Senhor do sepulcro, e não sabemos onde o colocaram!" Pedro e o outro discípulo saíram e foram para o sepulcro. Os dois corriam, mas o outro discípulo foi mais rápido que Pedro e chegou primeiro ao sepulcro. Ele se curvou e olhou para dentro, viu as faixas de linho ali, mas não entrou. A seguir, Simão Pedro, que vinha atrás dele, chegou, entrou no sepulcro e viu as faixas de linho, bem como o lenço que estivera sobre a cabeça de Jesus. Ele estava dobrado à parte, separado das faixas de linho. Depois o outro discípulo, que chegara primeiro ao sepulcro, também entrou. Ele viu e creu.

João 20:2-8

Posso transformar sua tragédia em triunfo

O que você acha de batermos um papo a respeito de mortalhas? Parece divertido? Acha que pode ser um assunto animado? É pouco provável. Se você fizer uma lista de temas depressivos, falar de roupas para defuntos terá lugar garantido entre o preenchimento do formulário do imposto de renda e uma palestra sobre a vida social das minhocas.

Ninguém gosta de mortalhas. Ninguém fala sobre mortalhas. Alguma vez na vida você já animou uma conversa depois do jantar com a pergunta: "O que você está planejando usar no seu enterro?" Já viu alguma loja especializada em guarda-roupa para cadáveres? (Se existe alguma, tenho um *slogan* excelente para sugerir: "Roupas lindas de morrer.")

A maioria não fala sobre mortalhas.

O apóstolo João, porém, era uma exceção. Pergunte e ele dirá como passou a considerar mortalhas como símbolos de triunfo. Ele não pensava assim a vida inteira. Quando ainda era uma forma tangível de lembrar a morte de seu melhor amigo, Jesus, a mortalha costumava ser, para ele, um símbolo de tragédia. Mas no primeiro domingo de Páscoa, Deus pegou as roupas mortuárias e fez delas um símbolo da vida.

Será que ele pode fazer o mesmo por você?

Todos nós enfrentamos momentos de tragédia. Mais ainda, todos nós recebemos os símbolos da tragédia. O seu pode ser uma pulseira de identificação do hospital, uma cicatriz ou uma carta intimando a comparecer na presença de um juiz. Não gostamos desses símbolos nem os desejamos. Como carros amassados em um ferro-velho, eles se amontoam em nosso coração com lembranças de dias ruins.

Será que Deus poderia usar essas coisas para promover o bem? Até que ponto podemos caminhar com versículos como este: "Sabemos que Deus age em todas as coisas para o bem daqueles que o amam..." (Romanos 8:28). Será que "todas as coisas" incluem tumores, testes, temperamentos e términos? João responderia com um "sim". Ele diria que *Deus pode transformar qualquer tragédia em triunfo, desde que você se disponha a esperar e acompanhar.*

Para provar essa tese, ele falaria a você sobre uma sexta-feira em particular.

> Depois disso José de Arimateia pediu a Pilatos o corpo de Jesus. José era discípulo de Jesus, mas o era secretamente, porque tinha medo dos judeus. Com a permissão de Pilatos, veio e levou embora o corpo. Ele estava acompanhado de Nicodemos, aquele que antes tinha visitado Jesus à noite. Nicodemos levou cerca de trinta e quatro quilos de uma mistura de mirra e aloés. Tomando o corpo de Jesus, os dois o envolveram em faixas de linho, com as especiarias, de acordo com os costumes judaicos de sepultamento.
>
> João 19:38–40

Hesitantes durante a vida de Cristo, mas corajosos em sua morte, José e Nicodemos apareceram para servir Jesus em seu sepultamento. Subiram o monte carregando a mortalha.

Pilatos tinha lhes dado permissão.

José de Arimateia cedeu uma sepultura.

Nicodemos levou as especiarias e as faixas de linho.

João declara que Nicodemos levou 34 quilos de mirra com aloés. Essa quantidade é digna de nota, pois um volume tão grande de especiarias costumava ser usado apenas no sepultamento de reis. João também fala sobre as peças de linho porque, para ele, elas constituíam um retrato da tragédia daquela sexta-feira. Enquanto não houvesse mortalha, enquanto não houvesse tumba, enquanto não houvesse um legista para declarar o óbito, havia esperança. Mas a chegada do carro funerário acabou com qualquer esperança. E, para aquele apóstolo, a mortalha simbolizava a tragédia.

Será que poderia haver maior tragédia para João do que ver Jesus morto?

Três anos antes, João dera as costas à carreira profissional para acompanhar aquele carpinteiro nazareno, fizesse chuva ou sol. No início daquela semana, João havia participado de um desfile com direito a serpentinas e confetes quando Jesus e os discípulos entraram em Jerusalém. Ah, como as coisas mudaram rápido! O povo que o chamara "rei" no domingo, passou a pedir sua morte na sexta-feira seguinte. Aquelas faixas de linho eram uma maneira tangível de lembrar a João que seu amigo e seu futuro estavam sendo envolvidos em tecido e selados dentro de uma caverna.

João não sabia, naquela sexta-feira, o que você e eu sabemos hoje. Ele não sabia que a tragédia da sexta-feira se transformaria no triunfo do domingo. Mais tarde, ele confessaria que "eles ainda não haviam compreendido que, conforme a Escritura, era necessário que Jesus ressuscitasse dos mortos" (João 20:9).

Foi por isso que seu feito no sábado se revestiu de tamanha importância.

Não sabemos nada a respeito daquele dia. Não há nenhuma passagem bíblica que possamos ler, nenhum conhecimento a ser compartilhado. Tudo o que sabemos é isto: quando chegou o domingo, João ainda estava presente. Quando Maria Madalena chegou procurando por ele, o encontrou.

Jesus estava morto. O corpo do Mestre jazia naquela tumba. O amigo e o futuro de João tinham sido ambos sepultados. Mas João não foi embora. Por quê? Será que estava esperando pela ressurreição? Não. Até onde ele soubesse, os lábios de Jesus permaneceriam em silêncio e as mãos, imóveis para sempre. Ele não estava esperando uma surpresa dominical. Sendo assim, por que estava ali?

O mais prudente talvez tivesse sido ele ir embora. Quem poderia garantir que os homens que crucificaram Cristo não apareceriam de repente para prendê-lo também? As multidões já estavam satisfeitas com uma sessão de crucificação, mas os líderes religiosos poderiam ter requisitado outras. Por que João não saiu da cidade?

Talvez a resposta seja pragmática: é possível que ele estivesse tomando conta da mãe de Jesus. Ou então, não tinha mais nenhum lugar aonde ir. Pode ser que ele não tivesse dinheiro, energia ou orientação... Ou tudo isso reunido.

Ou então, é possível que ele tenha esperado porque amava Jesus.

Para os demais, Jesus era um operador de milagres. Para outros, Jesus era um mestre. Para alguns, Jesus era a esperança de Israel. Mas para João, ele era tudo isso e mais. Para João, Jesus era um amigo.

Você não abandona um amigo — nem mesmo quando esse amigo morre. João não saiu de perto de Jesus.

Ele tinha o hábito de fazer isso. Estava perto de Jesus no cenáculo. Estava perto de Jesus no jardim do Getsêmani. Estava aos pés da cruz no momento da crucificação, e também estava a poucos metros do túmulo durante o sepultamento.

Será que ele entendeu o que Jesus disse? Não.

Será que ele estava feliz pelo fato de Jesus ter feito o que fez? Não.

Mas ele deixou Jesus? Não.

E quanto a você? Se estivesse no lugar de João, o que faria?

Como você reage quando chega o sábado em sua vida? Quando está em algum ponto entre a tragédia de ontem e o triunfo de amanhã, o que faz? Você abandona Deus ou permanece perto dele?

João optou por ficar ali. E, por ter permanecido por perto no sábado, estava ali no domingo para ver o milagre.

> Então [Maria Madalena] correu ao encontro de Simão Pedro e do outro discípulo, aquele a quem Jesus amava, e disse: "Tiraram o Senhor do sepulcro, e não sabemos onde o colocaram!" Pedro e o outro discípulo saíram e foram para o sepulcro. Os dois corriam, mas o outro discípulo foi mais rápido que Pedro e chegou primeiro ao sepulcro. Ele se curvou e olhou para dentro, viu as faixas de linho ali, mas não entrou. A seguir, Simão Pedro, que vinha atrás dele, chegou, entrou no sepulcro e viu as faixas de linho, bem como o lenço que estivera sobre a cabeça de Jesus. Ele estava dobrado à parte, separado das faixas de linho. Depois o outro discípulo, que chegara primeiro ao sepulcro, também entrou. Ele viu e creu.
>
> João 20:2-8

Bem cedo, no domingo, Pedro e João receberam a notícia: "O corpo de Jesus sumiu!" Havia urgência no tom de voz de Maria, tanto no que dizia respeito ao anúncio que fizera quanto em sua opinião. Ela achava que os inimigos de Jesus haviam roubado seu corpo.

Logo em seguida, os dois discípulos correram para o sepulcro. João deixou Pedro para trás e chegou primeiro. O que ele viu o surpreendeu de tal maneira que ele ficou paralisado na entrada da sepultura.

O que ele viu? "... as faixas de linho..." Ele viu "o lenço que estivera sobre a cabeça de Jesus [...] dobrado à parte, separado das faixas de linho". Ele viu a mortalha jazendo ali.

A palavra grega original fornece uma percepção muito útil a essa altura. João emprega um termo que significa "enrolado",[1] "ainda dobrado".[2] Aquelas vestes mortuárias não foram rasgadas ou destruídas. Elas ainda estavam em seu estado original! O linho estava intato. A mortalha ainda estava enrolada e dobrada.

Como aquilo era possível?

Se os amigos tivessem recolhido o corpo, não teriam também levado as roupas?

Se os inimigos tivessem levado o corpo, não teriam feito o mesmo?

Se, por alguma razão, os amigos ou inimigos tivessem levado apenas o corpo, teriam se preocupado em deixar a mortalha tão bem arrumada? É claro que não!

Mas se nenhum amigo ou inimigo levou o corpo, quem fez isso?

Essa era a pergunta de João, e que o conduziu a uma descoberta: "Ele viu e creu" (João 20:8).

Por entre os trapos da morte, João viu o poder da vida. Você não acha estranho o fato de Deus usar algo tão triste quanto uma mortalha para mudar uma vida?

Mas Deus é dado a essas coisas.

Em suas mãos, talhas de vinho vazias em um casamento se transformam em símbolo de poder.

A moeda de uma viúva se torna um símbolo de generosidade.

Uma manjedoura rude de Belém é um símbolo de devoção.

E um item ligado à morte simboliza seu amor.

Será que deveríamos nos surpreender com o fato de ele pegar as vestes da morte e fazer delas um retrato da vida?

O que nos leva de volta à pergunta: será que Deus faria algo similar em sua vida? Poderia ele pegar o que hoje é um sinal de tragédia e transformá-lo em um símbolo de triunfo?

Foi o que ele fez com meu amigo, Rafael Rosales, pastor em El Salvador. As guerrilhas salvadorenhas o viam como um inimigo do movimento, por isso tentaram matá-lo. Deixado dentro de um carro em chamas para morrer, Rafael escapou do veículo e fugiu do país. Mas não dava para fugir das lembranças. As cicatrizes não permitiriam.

Cada vez que se olhava no espelho, ele se lembrava da crueldade das pessoas que lhe infligiram tal tormento. Ele nunca mais se recuperaria, se o Senhor não tivesse falado ao seu coração. "Eles fizeram o mesmo comigo", ele ouviu seu Salvador dizer. E quando Deus ministrou a Rafael, ele começou a ver suas cicatrizes de uma maneira diferente. Em vez de servir como lembrança de sua dor, elas se tornaram uma imagem do sacrifício de seu Salvador. Com o tempo, ele se viu capaz de perdoar as pessoas que o atacaram. Enquanto escrevo estas palavras, ele está visitando o seu país em busca de um lugar para plantar uma nova igreja.

Será que uma mudança dessa natureza poderia ocorrer em sua vida também? Não tenho dúvida alguma. Você precisa apenas fazer o que João fez. Não vá embora. Fique por perto.

Lembre-se da segunda metade deste trecho da passagem bíblica: "Sabemos que Deus age em todas as coisas para o bem *daqueles que o amam...*" (Romanos 8:28, grifos do autor). Era assim que João se sentia a respeito de Jesus. Ele o amava. Ele não o entendia nem concordava sempre com Jesus, mas o amava.

E por amá-lo, ele ficou por perto.

A Bíblia diz que "Deus age em todas as coisas para o bem daqueles que o amam". Antes de encerrarmos este capítulo, faça este exercício simples: remova a expressão "todas as coisas" e substitua pelo símbolo de alguma tragédia pessoal que você viveu. Para o apóstolo João, o versículo ficaria assim: "Deus age em mortalhas para o bem daqueles que o amam." Para Rafael, seria: "Deus age em cicatrizes para o bem daqueles que o amam."

Como ficaria Romanos 8:28 em sua vida?

Em estadas no hospital, Deus age para o bem.

Em papéis de divórcio, Deus age para o bem.

No cumprimento de uma pena, Deus age para o bem.

Se Deus pode mudar a vida de João por meio de uma tragédia, seria possível ele usar uma tragédia para mudar a sua?

Por mais difícil que seja acreditar nisso, é possível que você esteja a apenas um sábado da ressurreição. Pode ser que esteja a apenas algumas horas daquela oração preciosa de um coração transformado: "Deus, Senhor fez isso por mim?"

Para refletir e discutir

1. "Como você reage quando chega o sábado em sua vida?" O que Max quer dizer com a expressão "sábado em sua vida"? Quando uma tragédia o atinge, você abandona Deus ou permanece perto dele? Explique.
2. Leia João 19:38-40; 20:3-9. O que Pedro e João encontraram quando entraram na sepultura vazia no dia da resssurreição de Jesus? Por que João passou a crer depois de ver o que viu na tumba?
3. Leia Romanos 8:28. O que esse versículo diz que "sabemos"?
4. Siga a sugestão de Max: "Faça este exercício simples: remova a expressão "todas as coisas" [em Romanos 8:28] e substitua pelo símbolo de alguma tragédia pessoal que você viveu." Qual é o resultado?
5. Sozinho ou com alguém, pense em várias histórias da Bíblia nas quais Deus tomou o que parecia ser uma clara derrota para seu povo e transformou em um triunfo. Em qual área de sua vida você poderia usar um triunfo desse tipo neste momento? Pense em um amigo que possa orar com você para que Deus realize uma inversão desse tipo para seu benefício.

Capítulo 10:

PAULO

Em sua viagem, quando se aproximava de Damasco, de repente brilhou ao seu redor uma luz vinda do céu. Ele caiu por terra e ouviu uma voz que lhe dizia: "Saulo, Saulo, por que você me persegue?" Saulo perguntou: "Quem és tu, Senhor?" Ele respondeu: "Eu sou Jesus, a quem você persegue. Levante-se, entre na cidade; alguém lhe dirá o que você deve fazer."

São eles servos de Cristo? — estou fora de mim para falar desta forma — eu ainda mais: trabalhei muito mais, fui encarcerado mais vezes, fui açoitado mais severamente e exposto à morte repetidas vezes. Cinco vezes recebi dos judeus trinta e nove açoites. Três vezes fui golpeado com varas, uma vez apedrejado, três vezes sofri naufrágio, passei uma noite e um dia exposto à fúria do mar. Estive continuamente viajando de uma parte a outra, enfrentei perigos nos rios, perigos de assaltantes, perigos dos meus compatriotas, perigos dos gentios; perigos na cidade, perigos no deserto, perigos no mar e perigos dos falsos irmãos. Trabalhei arduamente; muitas vezes fiquei sem dormir, passei fome e sede, e muitas vezes fiquei em jejum; suportei frio e nudez.

Atos 9:3-6; 2 Coríntios 11:23-27

Heróis ocultos

Os verdadeiros heróis são difíceis de identificar. Eles não se parecem com heróis. Aqui vou mostrar um exemplo.

Entre comigo em um calabouço frio e úmido na Judeia. Espie pela janelinha da porta. Considere a situação do homem caído no chão. Ele acabou de criar o maior movimento da História. Suas palavras iniciaram uma revolução que se espalharia por dois milênios. Os futuros historiadores o descreverão como corajoso, nobre e visionário.

Naquele momento, nada disso é evidente. Seu rosto está cadavérico. A barba emaranhada. Parece aturdido. Ele se apoia na parede fria, fecha os olhos e suspira.

João não conhecia a dúvida. A fome, sim. A solidão, quase sempre. Mas dúvida? Nunca. Somente a convicção mais profunda, os pronunciamentos mais implacáveis e a verdade mais poderosa. Assim era João, o Batista. Uma convicção tão forte quanto o sol do deserto.

Até aquele momento. Agora, o sol parecia obscurecido. Agora, sua coragem parecia desaparecer. E naquele instante, quando encarava a morte, ele não levantava o punho em sinal de vitória; tinha apenas uma pergunta. Seu ato final não é uma proclamação de coragem, mas uma confissão de confusão: "Preciso descobrir se Jesus é ou não o Filho de Deus."

O precursor do Messias estava com medo do fracasso. *Preciso descobrir se eu disse a verdade. Se enviei o povo para o Messias correto. Se estava certo ou se fui enganado.*[1]

Não parece muito heróico, não é mesmo?

Preferiríamos que João tivesse morrido em paz. Que o pioneiro conseguisse avistar a montanha. Parece mais correto que o marinheiro tenha o direito de ver a praia. Afinal, Moisés não conseguiu ver o vale? João não é o primo de Jesus? Se alguém merece ver o final do caminho, esse é João, certo?

Aparentemente, não.

Os milagres que ele profetizou, nunca conseguiu ver. O reino que anunciou, nunca chegou a conhecer. E o Messias sobre o qual proclamou agora o enche de dúvidas.

João não parece o profeta que seria a transição entre a lei e a graça. Ele não tem a aparência de um herói.

Eles raramente parecem heróis.

Posso levá-lo a outra prisão para um segundo exemplo?

Desta vez a prisão é em Roma. O homem se chama Paulo. O que João fez para apresentar Cristo, Paulo fez para explicá-lo. João abriu o caminho; Paulo ergueu postes sinalizadores.

Como João, Paulo fez história. E, como João, Paulo morreria na prisão de um déspota. Nenhuma manchete anunciou sua execução. Nenhum observador gravou os eventos. Quando o machado cortou o pescoço de Paulo, os olhos da sociedade não piscaram. Para eles, Paulo era alguém estranho que anunciava uma fé estranha.

Olhem na prisão e vejam por si mesmos: ele está encurvado e débil, preso a um guarda romano. Observem o apóstolo de Deus. Quem sabe quando foi a última vez em que deitou numa cama ou experimentou uma boa refeição? Três décadas de viagens e problemas, e o que ele tem para mostrar?

Há lutas em Filipos, competição em Corinto, os legalistas estão dominando a Galácia. Creta está lotada de gananciosos. Éfeso está tomada por mulherengos. Até mesmo alguns dos amigos de Paulo voltaram-se contra ele.

Totalmente quebrado. Sem família. Sem propriedades. Míope e esgotado.

Oh, ele teve momentos bons. Falou uma vez com um imperador, mas não conseguiu convertê-lo. Deu uma palestra num clube masculino no Areópago, mas não foi convidado para voltar. Passou alguns dias com Pedro e os rapazes em Jerusalém, mas eles não conseguiram se entender, então Paulo continuou viagem.

E nunca desistiu. Efésio, Tessalônica, Atenas, Siracusa, Malta. A única lista maior que seu itinerário foi a de suas desgraças. Foi apedrejado em uma cidade e atacado com varas em outra. Quase se afogou tantas vezes quantas quase morreu de fome. Se passou mais de uma semana no mesmo lugar, era porque estava na prisão.

Nunca recebeu salário. Tinha de pagar suas próprias despesas de viagem. Mantinha um emprego de meio-período para poder sobreviver.

Não se parece com um herói.

Seu discurso tampouco. Ele se apresentava como o pior pecador da história. Era um assassino de cristãos antes de se tornar líder deles. Às vezes, seu coração ficava tão pesado que a pena de Paulo atacava a si mesma nas páginas que escrevia. "Miserável homem que eu sou! Quem me libertará do corpo sujeito a esta morte?" (Romanos 7:24).

Somente o Céu sabe por quanto tempo ele pensou nessa pergunta antes de encontrar a coragem para desafiar a lógica e escrever: "Graças a Deus, por Jesus Cristo nosso Senhor!" (Romanos 7:25)

Em um minuto ele tem certeza; no seguinte, está cheio de dúvidas. Um dia, está pregando; no seguinte, está na prisão. E é nesse lugar que eu quero que você olhe para ele. Olhe quando ele está na prisão.

Finja que não o conhece. Você é um guarda, um cozinheiro ou um amigo do carrasco. E veio para dar uma última olhada no cara enquanto a lâmina está sendo afiada.

O que você vê na cela não é muita coisa. Mas eu me aproximo e digo: aquele homem vai mudar o curso da história.

Você ri, mas eu continuo:

— A fama de Nero irá desaparecer perto da luz desse homem.

Você se vira e me olha. Eu continuo:

— Suas igrejas irão morrer. Mas seus pensamentos? Em duzentos anos, seus pensamentos influenciarão os ensinamentos de toda escola nesse continente.

Você balança a cabeça.

— Vê aquelas cartas? Aqueles garranchos no pergaminho? Elas serão lidas em milhares de idiomas e terão impacto sobre as principais crenças e constituições do futuro. Todas as pessoas importantes irão lê-las. Todas.

Isso seria demais para você: de jeito nenhum. Ele é um velho com uma fé estranha. Será morto e esquecido antes que sua cabeça chegue ao chão.

Quem poderia discordar? Qual pensador racional iria se contrapor?

O nome de Paulo iria desaparecer como o pó dos seus ossos.

Assim como João. Nenhum observador sensato pensaria diferente. Os dois eram nobres, mas impermanentes. Corajosos, mas pequenos. Radicais, mas pouco conhecidos. Ninguém — eu repito, ninguém — se despediu deles achando que seus nomes seriam lembrados por mais do que uma geração.

Seus pares simplesmente não tinham como saber — nem nós.

Por essa razão, um herói poderia ser nosso vizinho e não saberíamos. O rapaz que troca o óleo em seu carro poderia ser um. Um herói usando macacão? Pode ser. Pode ser que ele ore enquanto trabalha, pedindo a Deus para fazer, com o coração do motorista, o mesmo que ele faz com o motor do carro.

A professora com quem você deixa seus filhos? Pode ser. Talvez suas orações matinais incluam o nome de cada criança e o sonho de que um deles traga mudança ao mundo. Quem pode dizer que Deus não está ouvindo?

A agente da condicional no centro da cidade? Poderia ser uma heroína. Pode ser ela quem desafia os ex-condenados a desafiar os adolescentes a desafiar as gangues.

Sei, eu sei. Nenhum deles espelha a imagem de um herói. São muito... normais. Queremos quatro estrelas, títulos e manchetes. Mas algo me diz que, para cada herói sob os refletores, há dezenas nas sombras. Eles não são notícia. Não arrastam multidões. Nem escrevem livros!

Porém, por trás de toda avalanche, há um floco de neve.

Por trás de uma rocha que desliza, há uma pedrinha.

Uma explosão atômica começa com um átomo.

E um renascimento pode começar com um sermão.

A história prova. O inglês John Egglen nunca tinha pregado um sermão na sua vida. Nunca.

Não que não quisesse, apenas nunca tinha precisado. Mas uma manhã ele precisou. A neve tinha deixado sua cidade, Colchester, completamente branca. Quando acordou naquele domingo de janeiro de 1850, achou melhor ficar em casa. Quem iria para a igreja com aquele clima?

Mas ele pensou melhor. Afinal de contas, era o diácono. E, se os diáconos não fossem, quem iria? Vestiu suas botas, seu chapéu, seu casaco e caminhou quase dez quilômetros até a Igreja Metodista.

Ele não foi o único membro que pensou em ficar em casa. Na verdade, foi um dos poucos que veio até a igreja. Só havia treze pessoas: doze membros e um visitante. Até o ministro ficou preso pela neve. Alguém sugeriu que eles fossem para casa. Egglen não quis ouvir. Afinal, tinham vindo até ali; teriam o culto. Além disso, havia um visitante. Um jovem de treze anos.

Mas quem faria a pregação? Egglen era o único diácono. Sobrou para ele.

E ele fez. Seu sermão durou apenas dez minutos. Ele viajou um pouco e não se concentrou em nenhum aspecto apesar do esforço para falar sobre muita coisa. Mas, no final, uma coragem pouco comum tomou conta do homem. Ele levantou os olhos e mirou bem no rapaz, desafiando-o:

— Jovem, olhe para Jesus. Olhe! Olhe! Olhe!

Esse desafio fez alguma diferença? Deixemos que o rapaz, agora um homem, responda. "Eu olhei e naquele momento a nuvem que estava sobre o meu coração se levantou, a escuridão desapareceu e naquele instante eu vi o sol."

O nome do rapaz? Charles Haddon Spurgeon. O príncipe dos pregadores da Inglaterra.[2]

Será que Egglen sabia o que tinha feito? Não.

Os heróis sabem quando são heróis? Raramente.

Os momentos históricos são percebidos quando acontecem?

Você sabe a resposta para isso. (Se não sabe, uma visita à manjedoura irá lembrá-lo.) Nós raramente vemos a história no momento em que ela acontece e raramente reconhecemos heróis. O que é bom, porque senão, talvez, estragássemos tudo.

Mas é melhor mantermos os olhos abertos. O Spurgeon de amanhã pode estar cortando a sua grama. E o herói que o inspira poderia estar mais perto do que você pensa.

Ele poderia estar no seu espelho.

Capítulo 10

Para refletir e discutir

1. Qual a aparência dos heróis em geral? Qual a sua imagem de um herói?
2. Qual "herói fora dos holofotes" você conhece? O que faz com que eles sejam heróis?
3. Você já foi herói para alguém? Poderia ser o herói de alguém?
4. Leia Marcos 1:1-8. Como você descreveria João em termos modernos? Como sua aparência e seu estilo de vida o ajudaram a cumprir sua missão? De que forma ele foi um herói?
5. Leia 2 Coríntios 4:7-11; 6:4-10; 11:22-28. O que você aprende sobre Paulo nessas passagens? O que descreve o tipo de herói que ele foi? Essas passagens o encorajam ou desencorajam? Por quê?

PARA REFLETIR E DISCUTIR

[illegible]

Capítulo 11:

DOIS CRIMINOSOS

Dois outros homens, ambos criminosos, também foram levados com ele, para serem executados. Quando chegaram ao lugar chamado Caveira, ali o crucificaram com os criminosos, um à sua direita e o outro à sua esquerda.

Um dos criminosos que ali estavam dependurados lançava-lhe insultos: "Você não é o Cristo? Salve-se a si mesmo e a nós!" Mas o outro criminoso o repreendeu, dizendo: "Você não teme a Deus, nem estando sob a mesma sentença? Nós estamos sendo punidos com justiça, porque estamos recebendo o que os nossos atos merecem. Mas este homem não cometeu nenhum mal." Então ele disse: "Jesus, lembra-te de mim quando entrares no teu Reino." Jesus lhe respondeu: "Eu lhe garanto: Hoje você estará comigo no paraíso."

LUCAS 23:32,33;39-43

Você pode escolher

Conheça Edwin Thomas, um mestre dos palcos. Durante a última metade do século XIX, esse pequeno homem com uma gigantesca voz tinha poucos rivais. Estreando em *Ricardo III* com quinze anos, ele rapidamente se estabeleceu como um ator shakesperiano de primeira. Em Nova York, fez *Hamlet* por cem noites consecutivas. Em Londres, ganhou a aprovação dos difíceis críticos britânicos. Quando a questão era a tragédia no palco, Edwin Thomas estava dentro de um grupo seleto.

Quando a questão era a tragédia em vida, podia-se dizer o mesmo.

Edwin tinha dois irmãos, John e Junius. Os dois eram atores, apesar de não chegarem perto de sua estatura. Em 1863, os três irmãos uniram seus talentos para representar *Júlio César*. A John coube o papel de Brutus — algo que se revelou uma inquietante prefiguração do que esperava os irmãos e o país inteiro, apenas dois anos depois.

Porque esse John que fez o papel do assassino em *Júlio César* é o mesmo John que assumiu o papel de assassino no Teatro Ford. Em uma fria noite de abril de 1865, ele entrou silenciosamente num camarote no teatro em Washington e atirou na cabeça de Abraham Lincoln. Sim, o sobrenome dos irmãos era Booth – Edwin Thomas Booth e John Wilkes Booth.

Edwin nunca mais foi o mesmo depois daquela noite. A vergonha pelo crime de seu irmão o levou à aposentadoria. Ele talvez nunca mais teria voltado ao palco se não fosse por uma peça que o destino lhe pregou em uma estação de trem de Nova Jersey. Edwin estava esperando seu trem quando um jovem bem-vestido, pressionado pela multidão, escorregou e caiu entre a plataforma e um trem em movimento. Sem hesitação, Edwin prendeu uma perna ao redor da grade, agarrou o homem e o puxou para a segurança. Depois dos suspiros de alívio, o jovem reconheceu o famoso Edwin Booth.

Edwin, no entanto, não reconheceu o jovem que havia salvado. Só ficou sabendo semanas mais tarde, por meio de uma carta — que carregou no seu bolso até morrer — do General Adams Budeau, secretário-chefe do General Ulysses S. Grant. Nela, Budeau agradecia Edwin Booth por salvar a vida do filho de um herói americano, Abraham Lincoln. Como é irônico que, enquanto um irmão matava o presidente, o outro irmão salvava o filho do mesmo presidente. O menino que Edwin Booth puxou para a salvação? Robert Todd Lincoln.[1]

Edwin e James Booth. Mesmo pai, mãe, profissão e paixão — e, mesmo assim, um escolhe a vida; o outro, a morte. Como isso pôde acontecer? Não sei, mas aconteceu. Apesar de dramática, essa história não é única.

Abel e Caim, os dois filhos de Adão. Abel escolhe Deus. Caim escolhe o assassinato. E Deus permite.

Abraão e Lot, os dois peregrinos em Canaã. Abraão escolhe Deus. Lot escolhe Sodoma. E Deus permite.

Davi e Saul, os dois reis de Israel. Davi escolhe Deus. Saul escolhe o poder. E Deus permite.

Pedro e Judas, os dois negam o Senhor. Pedro procura a misericórdia. Judas procura a morte. E Deus permite.

Em todas as eras da história, em todas as páginas da Escritura, a verdade é revelada: Deus permite que façamos nossas escolhas.

E ninguém delineia isso mais claramente do que Jesus. De acordo com ele, podemos escolher:

uma porta estreita ou uma larga (Mateus 7:13,14)
uma estrada apertada ou uma larga (Mateus 7:13,14)
a grande ou a pequena multidão (Mateus 7:13,14)

Podemos escolher:

construir sobre a rocha ou a areia (Mateus 7:24-27)
servir a Deus ou ao dinheiro (Mateus 6:24)
ser contado entre as ovelhas ou os bodes (Mateus 25:32,33)

"E estes [os que rejeitarem Deus] irão para o castigo eterno, mas os justos para a vida eterna" (Mateus 25:46 NVI).

Deus oferece escolhas eternas e essas escolhas trazem consequências eternas.

Não é esse o lembrete do trio do Calvário? Já se perguntou por que havia duas cruzes perto da de Cristo? Por que não havia seis ou dez? Já se perguntou por que Jesus estava no centro? Por que não à direita ou à esquerda? Poderia ser que as duas cruzes na montanha simbolizassem um dos maiores dons de Deus. O dom da escolha.

Os dois criminosos têm muito em comum. Condenados pelo mesmo sistema. Condenados à mesma morte. Cercados pela mesma multidão. Na mesma distância de Jesus. Na verdade, eles começam com o mesmo sarcasmo: "Igualmente o insultavam os ladrões que haviam sido crucificados com ele" (Mateus 27:44).

Mas um mudou.

> Um dos criminosos que ali estavam dependurados lançava-lhe insultos: "Você não é o Cristo? Salve-se a si mesmo e a nós!" Mas o outro criminoso o repreendeu, dizendo: "Você não teme a Deus, nem estando sob a mesma sentença? Nós estamos sendo punidos com justiça, porque estamos recebendo o que os nossos atos merecem. Mas este homem não cometeu nenhum mal." Então ele se dirige a

Jesus: “Lembra-te de mim quando entrares no teu Reino.” E Jesus lhe responde: “Eu lhe garanto: Hoje você estará comigo no paraíso.”

Lucas 23:39-43

Muito já foi dito sobre a oração do ladrão penitente, algo que merece nossa admiração. Mas, enquanto nos regozijamos com o ladrão que mudou, ousamos nos esquecer do que não mudou? *E ele, Jesus? Não seria apropriado fazer um convite pessoal? Não seria bom uma palavra de persuasão?*

O pastor não deixa o rebanho de 99 carneiros e persegue o que se perdeu? A dona de casa não varre o chão até encontrar a moeda perdida? Sim, o pastor faz isso, a dona de casa também, mas o pai do pródigo, lembrem-se, nada faz.

O carneiro foi perdido inocentemente.

A moeda foi perdida irresponsavelmente.

Mas o filho pródigo foi embora intencionalmente.

O pai lhe deu o direito de escolher. Jesus fez o mesmo com os dois criminosos.

Há momentos em que Deus envia trovões para mexer conosco. Há momentos em que Deus manda bênçãos para nos atrair. Mas também há momentos em que Deus nos envia somente o silêncio enquanto nos honra com a escolha sobre onde passar a eternidade.

E quanta honra há nisso! Em muitas áreas da vida, não temos tal liberdade. Pense nisso. Você não escolheu seu gênero. Não escolheu seus irmãos. Não escolheu sua raça ou seu local de nascimento.

Às vezes, nossa falta de escolhas nos deixa nervosos. “Não é justo”, reclamamos. Não é justo que eu tenha nascido na pobreza, que cante tão mal ou que seja tão lento nas corridas. Mas as escalas da vida foram sempre filtradas com justiça quando Deus plantou uma árvore no Jardim do Éden. Todas as reclamações foram silenciadas quando Adão e seus descendentes receberam o livre-arbítrio, a liberdade de fazer todas as escolhas eternas que desejamos. Qualquer injustiça nesta vida é compensada pela honra de escolher nosso destino na próxima.

Você não concorda? Queria outra coisa? Preferiria o oposto? Você escolheu tudo nesta vida, e ele escolhe onde você vai passar a próxima? Você escolhe o tamanho do seu nariz, a cor do seu cabelo e a estrutura do seu DNA, e ele escolhe onde você vai passar a eternidade? É isso o que você prefere?

Seria bom se Deus nos deixasse organizar a vida como organizamos um jantar. Eu vou querer boa saúde e um QI alto. Não quero habilidades musicais, mas vou levar um metabolismo rápido... Seria muito bom. Mas isso não acontece assim. Quando falamos da vida na Terra, você não tem nem voz nem voto.

Mas quando falamos da vida depois da morte, você tem. Para mim, isso parece um bom negócio. Não concorda?

Já recebemos um privilégio maior do que o da escolha? Não só esse privilégio equilibra qualquer injustiça, mas o dom do livre-arbítrio pode equilibrar quaisquer erros.

Pense no ladrão que se arrependeu. Apesar de sabermos pouco sobre ele, sabemos isto: ele cometeu muitos erros na vida. Escolheu a turma errada, a moral errada, o comportamento errado. Mas você consideraria sua vida um tempo perdido? Ele está passando a eternidade colhendo os frutos de todas as más escolhas que fez? Não, pelo contrário. Ele está aproveitando o fruto da única escolha correta. No final, todas as escolhas erradas foram redimidas pela boa.

Você já fez escolhas erradas na vida, não? Escolheu os amigos errados, talvez a carreira errada, até mesmo a esposa errada. Você olha para trás na sua vida e exclama: "Se eu pudesse... se eu pudesse compensar essas escolhas erradas." Você pode. Uma boa escolha para a eternidade compensa milhares de más na Terra.

A escolha é sua.

Como podem dois irmãos nascidos da mesma mãe, tendo crescido na mesma casa, escolherem cada um destinos tão diferentes? Um escolhe a vida; outro, a morte. Não sei, mas eles sabem.

Como podem dois homens verem o mesmo Jesus e um escolhe ridicularizá-lo e o outro escolhe orar por ele? Não sei, mas eles sabem.

E quando um orou, Jesus o amou tanto a ponto de salvá-lo. E quando o outro o ridicularizou, Jesus o amou a ponto de deixá-lo livre.

Ele permitiu sua escolha.

E faz o mesmo por você.

Para refletir e discutir

1. Por que você acha que Deus permite que façamos nossas escolhas?
2. Quais as "grandes" escolhas que você está encarando agora? Como irá tomá-las?
3. "Deus dá escolhas eternas e essas escolhas têm consequências eternas." O que Max quer dizer com "escolhas eternas"?
4. "Há momentos em que Deus envia trovões para mexer conosco. Há momentos em que Deus manda bênçãos para nos atrair. Mas também há momentos em que Deus nos envia somente o silêncio enquanto nos honra com a escolha sobre onde passar a eternidade." Descreva um momento em que Deus enviou trovões para mexer com você. Ele já enviou bênçãos para atraí-lo? Explique. Por que Deus ficaria em silêncio quando encaramos escolhas tão gigantescas?
5. Leia Deuteronômio 30:19,20 e Josué 24:14,15. Quais escolhas são apresentadas nessas passagens? Quem é que deve fazer a escolha? Qual escolha você fez nessa área crucial da vida? Explique.

Capítulo 12:

MOISÉS

Moisés pastoreava o rebanho de seu sogro Jetro, que era sacerdote de Midiã. Um dia, levou o rebanho para o outro lado do deserto e chegou a Horebe, o monte de Deus. Ali o Anjo do SENHOR lhe apareceu numa chama de fogo que saía do meio de uma sarça. Moisés viu que, embora a sarça estivesse em chamas, não era consumida pelo fogo. "Que impressionante!", pensou. "Por que a sarça não se queima? Vou ver isso de perto." O SENHOR viu que ele se aproximava para observar. E então, do meio da sarça Deus o chamou: "Moisés, Moisés!" "Eis-me aqui", respondeu ele. Então disse Deus: "Não se aproxime. Tire as sandálias dos pés, pois o lugar em que você está é terra santa." Disse ainda: "Eu sou o Deus de seu pai, o Deus de Abraão, o Deus de Isaque, o Deus de Jacó."

"Pois agora o clamor dos israelitas chegou a mim, e tenho visto como os egípcios os oprimem. Vá, pois, agora; eu o envio ao faraó para tirar do Egito o meu povo, os israelitas."

Êxodo 3:1-6, 9-10

A voz vinda do balde

O corredor estava silencioso a não ser pelas rodinhas do balde e pelo arrastar dos pés do velho. Os dois pareciam cansados.

Os dois também conheciam bem aquele chão. Quantas noites Hank já tinha passado limpando? Sempre cuidadoso nos cantos. Sempre cuidadoso, não se esquecia de armar ali o cavalete que anunciava o piso molhado. Sempre rindo. "Cuidado, todo mundo", brincava ele, sabendo que não havia ninguém por perto.

Não às três da manhã.

A saúde de Hank não é mais a mesma. A gota o mantém acordado. A artrite o obriga a mancar. Seus óculos dobram o tamanho dos seus olhos. Suas costas estão encurvadas. Mas ele faz seu trabalho. Espalhando a água ensaboada sobre o linóleo. Esfregando as marcas de sapato deixadas pelos advogados. Ele vai terminar uma hora antes de seu turno. Sempre termina antes. Foi assim nos últimos vinte anos.

Quando terminar, vai guardar o balde, sentar-se do lado de fora do escritório do sócio majoritário e esperar. Nunca sai antes da hora. Poderia. Ninguém iria saber. Mas ele não o faria.

Ele descumpriu as regras uma vez. Nunca mais.

Às vezes, se a porta está aberta, entra no escritório. Não por muito tempo. Só para dar uma olhada. O escritório é maior do que seu apartamento. Ele passa o dedo pela mesa. Bate no couro macio da cadeira. Fica em frente à janela e olha como o céu cinzento ganha contornos dourados. E fica se lembrando.

Ele já teve um escritório assim.

Muito tempo atrás, quando Hank era Henry. Quando o faxineiro era um executivo. Muito tempo atrás. Antes do turno noturno. Antes do balde. Antes do uniforme de manutenção. Antes do escândalo.

Hank não pensa muito nisso. Não tem por quê. Meteu-se em problemas, foi demitido e perdeu tudo. Só isso. Poucas pessoas sabem disso. É melhor assim. Não é preciso contar para ninguém.

É o segredo dele.

A história de Hank, por falar nisso, é verdadeira. Eu mudei o nome e um ou outro detalhe. Dei-lhe um emprego diferente e o coloquei em outro século. Mas a história é verdadeira. Você já a ouviu. É conhecida. Quando eu lhe contar o nome verdadeiro do personagem, vai se lembrar.

Mas, além de verdadeira, trata-se de uma história comum. É a história de um sonho perdido. É uma história de grandes esperanças chocando-se com difíceis realidades.

Acontece com todos os sonhadores. E, como todos nós sonhamos, acontece com todo mundo.

No caso de Hank, foi um erro que ele nunca conseguiu esquecer. Um erro muito grave. Hank matou uma pessoa. Ele viu um bandido batendo num homem inocente e perdeu o controle. Acabou matando o bandido. Quando todos ficaram sabendo, Hank fugiu.

Ele preferiu se esconder a ir para a cadeia. Por isso, fugiu. O executivo se tornou um fugitivo.

Uma história verdadeira. E comum. A maioria das histórias não são tão extremas como a dele. Poucos passam a vida fugindo da lei. Muitos, no entanto, vivem com remorso.

— Poderia ter feito faculdade com uma bolsa para jogar golfe —, contou-me um amigo na semana passada enquanto dávamos umas tacadas. — Recebi uma oferta assim que saí da escola. Mas preferi entrar numa banda de rock. Não deu certo. Agora só me resta consertar portas de garagens.

"Agora só me resta." Epitáfio de um sonho perdido.

Pegue um desses livros escolares de algum colegial e leia a sentença "O que quero fazer" embaixo de cada foto. Você vai ficar com tonturas por causa do ar rarefeito de tantas visões de altura:

"Universidade de primeira linha."
"Escrever livros e viver na Suíça."
"Médico em um país de Terceiro Mundo."
"Dar aulas na periferia."

Agora, encontre essas mesmas pessoas vinte anos depois e leia o próximo capítulo. Alguns sonhos se tornaram realidade, mas muitos não deram certo. Nem todos deveriam, é bom lembrar. Espero que aquele rapaz baixinho que sonhava em ser lutador de sumô tenha pensado melhor. E espero que ele não tenha perdido sua paixão por causa disso. Mudar de direção na vida não é algo trágico. Perder a paixão pela vida, sim.

Algo acontece conosco pelo caminho. Convicções sobre como mudar o mundo transformam-se em compromissos para pagar as contas. Em vez de fazer algo importante, nós nos contentamos em ganhar o salário. Em vez de olhar para a frente, olhamos para trás. Em vez de olhar para fora, olhamos para dentro.

E não gostamos do que vemos.

Hank não gostava. Via-se como um homem que tinha aceitado a mediocridade. Treinado nas melhores instituições do mundo, mas trabalhando no turno da noite ganhando salário-mínimo para não ser visto durante o dia.

Mas tudo mudou quando ele ouviu a voz vinda do balde. (Eu já falei que essa história é verdadeira?)

No começo, ele achou que era uma brincadeira. Alguns dos rapazes no terceiro andar fazem esse tipo de pegadinha.

— Henry, Henry — chamava a voz.

Hank se virou. Ninguém mais o chamava de Henry.

— Henry, Henry.

Ele se virou para o balde. Estava brilhando. Um vermelho intenso. Quente. Dava para sentir o calor a três metros. Ele se aproximou e olhou dentro. A água não estava fervendo.

"Que estranho", Hank murmurou consigo mesmo enquanto se aproximava. Mas a voz fez com que parasse.

— Não se aproxime. Tire os sapatos. Você está num solo sagrado.

De repente, Hank sabia quem estava falando.

— Deus?

Não estou inventando isso. Sei que vocês acharão que estou. Parece louco. Quase irreverente. Deus falando de dentro de um balde para um faxineiro chamado Hank? Seria mais crível se eu dissesse que Deus estava falando a partir de um arbusto em chamas para um pastor chamado Moisés?

Talvez assim seja mais fácil de aceitar, mas só porque você já ouviu essa história antes. Porém, por Moisés e um arbusto em vez de Hank e um balde, isso não significa que é menos espetacular.

Claro que Moisés ficou em estado de choque. É fácil imaginar o que espantou mais o velho: que Deus tenha falado através de um arbusto ou que Deus tenha falado com ele.

Moisés, como Hank, tinha cometido um erro.

Você se lembra da história. Adotado pela nobreza. Um israelita criado em um palácio egípcio. Seus patrícios eram escravos, mas Moisés era um privilegiado. Comia na mesa real. Fora educado nas melhores escolas.

Porém, sua professora mais influente não tinha nenhum título. Era sua mãe. Uma judia que havia sido contratada para ser sua babá. "Moisés", é como se pudéssemos ouvir seu sussurro para o filho, "Deus colocou você aqui por uma razão. Algum dia você libertará seu povo. Nunca se esqueça, Moisés. Nunca se esqueça."

Moisés não esqueceu. A chama da justiça ficou mais quente até queimar. Moisés viu um egípcio batendo num escravo hebreu. Assim como Hank matou o bandido, Moisés matou o egípcio.

No dia seguinte, Moisés viu o hebreu. Poderíamos pensar que o escravo agradeceria. Não foi assim. Em vez de expressar gratidão, ele expressou raiva. "Você vai me matar também?", perguntou (ver Êxodo 2:14).

Moisés sabia que estava em perigo. Fugiu do Egito e se escondeu no deserto. Uma mudança de carreira, digamos assim. Ele deixou de jantar com os chefes de Estado para contar cabeças de ovelhas.

Dificilmente diríamos que Moisés subiu na vida.

Assim, um hebreu brilhante e promissor começa a cuidar de ovelhas nas montanhas. Das melhores universidades para a lida na fazenda. Da Sala Oval para um táxi. De um jogo de golfe para uma vassoura e uma pá.

Moisés achou que essa mudança era permanente. Não há indicação de que ele quisesse voltar para o Egito. Na verdade, há muitas indicações de que ele queria ficar com suas ovelhas. Descalço perante o arbusto, ele confessou: "Quem sou eu para apresentar-me ao faraó e tirar os israelitas do Egito?" (Êxodo 3:11).

Fico feliz por Moisés ter respondido a essa questão. É muito boa. Por que Moisés? Ou, mais especificamente, por que um Moisés de oitenta anos?

A versão de quarenta anos era muito mais forte. O Moisés que vimos no Egito era bem mais desenvolto e confiante. Mas o Moisés que encontramos quatro décadas depois é relutante e curtido pelo tempo.

Se tivéssemos visto o Moisés do Egito, teríamos dito: "Esse homem está pronto para a batalha." Educado no melhor sistema do mundo. Treinado pelos soldados mais hábeis. Com acesso instantâneo aos círculos internos do Faraó. Moisés falava a língua deles e conhecia seus hábitos. Ele era o homem perfeito para a tarefa.

Nós gostamos do Moisés de quarenta anos. Mas aos oitenta? De forma nenhuma. Muito velho. Muito cansado. Tem cheiro de pastor. Fala como um estrangeiro. Que impacto ele poderia ter sobre o Faraó? Ele não serve.

E Moisés teria concordado. "Já tentei", teria dito. "Aquelas pessoas não querem ser ajudadas. Deixe-me aqui para cuidar das minhas ovelhas. Elas são mais fáceis de tratar."

Moisés não teria ido. Você não o teria enviado. Eu não o teria enviado.

Mas Deus o mandou. Como você explica? Removido aos quarenta e escolhido aos oitenta. Por quê? O que ele sabe agora que não sabia naquela época? O que ele aprendeu no deserto que não aprendeu no Egito?

Os caminhos do deserto, para começar. O Moisés de quarenta anos era um homem da cidade. O Moisés octagenário conhece o nome de todas as cobras e a localização de todos os poços de água. Se ele precisa liderar milhares de hebreus pelo deserto, é melhor saber o básico.

A dinâmica familiar. Se ele vai viajar com famílias por quarenta anos, é útil entender como elas funcionam. Ele se casa com uma mulher de fé, a filha de um sacerdote midianita, e estabelece sua própria família.

Porém, mais do que os caminhos do deserto e do povo, Moisés precisava aprender algo sobre si mesmo.

Aparentemente, ele aprendeu. Deus afirma que Moisés está pronto.

E, para convencê-lo, Deus fala através de um arbusto. (Precisava ser algo dramático para prender a atenção de Moisés.)

"Acabou o aprendizado", é como se Deus decidisse. "Agora está na hora de trabalhar." Pobre Moisés. Ele nem sabia que estava matriculado no curso.

Mas estava. E, adivinhe? Você também. A voz do arbusto é a voz que sussurra em seu ouvido, lembrando que Deus ainda tem trabalhos para você. Ah, você pode pensar que já fez tudo que podia. Pode pensar que ele vai escolher outro.

Se for assim, melhor pensar duas vezes.

"Estou convencido de que aquele que começou boa obra em vocês, vai completá-la até o dia de Cristo Jesus" (Filipenses, 1:6).

Você viu o que Deus está fazendo? *Um bom trabalho em você.*

Você viu quando ele terminará? *Quando Jesus voltar.*

Posso repetir a mensagem? *Deus tem trabalho para você.*

Seu Pai quer que você saiba disso. Para convencê-lo, ele pode preparar algumas surpresas. Pode falar através de um arbusto, um balde ou, ainda mais estranho, pode falar com você através deste livro.

Para refletir e discutir

1. Você mudou suas convicções ao atingir a maturidade? Se for assim, de que forma? Você gosta do que vê? Explique.
2. Você entregaria a Moisés a tarefa de libertar Israel da escravidão? Explique.
3. O que acha que Deus viu em Moisés? O que acha que ele poderia ver em você?
4. Que tarefa você acha que Deus ainda pode lhe oferecer?
5. Leia Filipenses 1:6. Qual promessa é feita nesse verso? Como isso pode mudar sua vida, seus hábitos, seus pensamentos? Explique.

Capítulo 13:

JOSÉ

Mas eles o viram de longe e, antes que chegasse, planejaram matá-lo. "Lá vem aquele sonhador!", diziam uns aos outros. "É agora! Vamos matá-lo e jogá-lo num destes poços, e diremos que um animal selvagem o devorou. Veremos então o que será dos seus sonhos." Quando Rúben ouviu isso, tentou livrá-lo das mãos deles, dizendo: "Não lhe tiremos a vida!" E acrescentou: "Não derramem sangue. Joguem-no naquele poço no deserto, mas não toquem nele". Rúben propôs isso com a intenção de livrá-lo e levá-lo de volta ao pai. Chegando José, seus irmãos lhe arrancaram a túnica longa, agarraram-no e o jogaram no poço, que estava vazio e sem água.
Quando os mercadores ismaelitas de Midiã se aproximaram, seus irmãos tiraram José do poço e o venderam por vinte peças de prata aos ismaelitas, que o levaram para o Egito.

Vendo os irmãos de José que seu pai havia morrido, disseram: "E se José tiver rancor contra nós e resolver retribuir todo o mal que lhe causamos?" Então mandaram um recado a José, dizendo: "Antes de morrer, teu pai nos ordenou que te disséssemos o seguinte: 'Peço-lhe que perdoe os erros e pecados de seus irmãos que o trataram com tanta maldade!' Agora, pois, perdoa os pecados dos servos do Deus do teu pai." Quando recebeu o recado, José chorou. Depois vieram seus irmãos, prostraram-se diante dele e disseram: "Aqui estamos. Somos teus escravos!" José, porém, lhes disse: "Não tenham medo. Estaria eu no lugar de Deus? Vocês planejaram o mal contra mim, mas Deus o tornou em bem, para que hoje fosse preservada a vida de muitos."

Gênesis 37:18-24, 28; 50:15-20

Quando até os grilos irritam você

Perdoe-me se este capítulo está todo desconexo. Estou bastante bravo enquanto o escrevo. Bravo com um grilo. Ele faz um barulho detestável. Está escondido. E vai estar em apuros se eu encontrá-lo.

Cheguei cedo a meu escritório. Duas horas antes que o alarme tocasse de manhã, eu já estava aqui. As mangas arregaçadas e o computador zunindo. *Ignore os telefonemas,* pensei. *Dê um gás pela manhã,* planejei. *Consiga avançar o máximo neste dia.*

Mas, *Coloque as mãos naquele grilo,* é o que eu ficava resmungando.

Devo dizer que não tenho nada contra a natureza. A melodia de um canário, eu adoro. O barulho prazeroso do vento nas folhas, eu saboreio. Mas o *cri-cri-cri* de um grilo na madrugada é algo que me incomoda.

Por isso decidi me ajoelhar e seguir o barulho por todo o escritório. Olhei embaixo de caixas. Tirei os livros da estante. Abaixei e olhei debaixo da minha mesa. Humilhado. Fui sabotado por um inseto de três centímetros.

Como esse irritante insolente reduz um homem a um caçador de insetos?

Enfim, encurralei o culpado.

Droga, ele correu para trás de uma prateleira. Fora do meu alcance. Escondido em um refúgio de madeira. Tudo o que posso fazer é jogar canetas na base da prateleira. É o que faço. *Poc. Poc. Poc.* Uma depois da outra. Uma barreira de Bics. Ele finalmente fica quieto.

Mas esse silêncio só dura um minuto.

Então, perdoe-me se meus pensamentos estão fragmentados, mas estou lançando a artilharia a cada parágrafo. Isso não é uma boa forma de trabalhar. Não é uma boa forma de começar o dia. Meu chão está abarrotado de coisas. Minhas calças estão sujas nos joelhos. Minha linha de raciocínio é interrompida o tempo todo. Quero dizer, como posso escrever sobre raiva com um maldito inseto no meu escritório?

Oooops. Acho que estou no clima correto, afinal...

Raiva. Essa manhã é fácil definir: o barulho da alma. *Raiva.* A irritação invisível do coração. *Raiva.* O invasor incansável do silêncio.

Assim como o cri-cri, a raiva irrita.

Assim, como o cri-cri, a raiva não é facilmente silenciada.

Assim como o cri-cri, a raiva consegue aumentar de tamanho até se tornar o único som que ouvimos. Quanto mais alta ela fica, mais desesperados ficamos.

Quando somos maltratados, nossa resposta animal é sair à caça. Instintivamente, fechamos nossos punhos. Ajustar contas é algo que parece natural. O que, aliás, é o problema exato. A vingança é natural, não espiritual. Vingar-se é a lei da selva. Dar graças é a lei do reino.

Alguns de vocês estão pensando: *É fácil para você falar, Max, sentado aí no seu escritório apenas com um grilo como fonte de irritação. Você deveria tentar viver com minha esposa.* Ou: *Você deveria tentar sentir o que foi meu passado.* Ou: *Você deveria tentar criar meus filhos. Não sabe como meu ex me tratou. Não tem ideia de como minha vida foi difícil.*

Se você está certo, eu não sei. Mas tenho uma ideia bastante concreta sobre o seguinte: seu futuro será bem infeliz se você deixar de lidar com sua raiva.

Faça um raio X da alma do vingativo e cuide do tumor da amargura: negro, ameaçador, maligno. Carcinoma do espírito. Suas fibras fatais vão comendo a beirada do coração e causam muitos danos. O que aconteceu ontem você não consegue alterar, mas pode mudar sua reação ao que aconteceu ontem. O passado não dá para mudar, mas dá para mudar sua resposta ao passado.

Impossível, você retruca? Deixe-me mostrar que é possível.

Imagine que você vem de uma família grande — uns doze filhos ou mais. Uma família mais misturada que um prato de sucrilhos. Todas as crianças do mesmo pai, mas umas quatro ou cinco de mães diferentes.

Imagine também que seu pai não é muito honesto e já faz tempo. Todos sabem disso. Todos sabem que ele enganou seu tio. Todos sabem que ele se esconde como um covarde para não ser pego.

Vamos também imaginar que seu tio-avô enganou seu pai para se casar com a irmã de sua mãe. Ele embebedou seu pai antes do casamento e fez com que sua filha feia subisse ao altar em vez de a bonita com quem seu pai achava que estava se casando.

Isso não impediu que seu pai se casasse, no entanto. Ele simplesmente se casou com as duas. A que ele amava não podia ter filhos, então dormiu com a empregada. Na verdade, ele tinha o hábito de dormir com a maioria das ajudantes da cozinha; como resultado, a maioria dos seus irmãos tem a cara das cozinheiras.

Finalmente, a noiva com quem seu pai queria casar-se desde o começo fica grávida... e você nasce.

É o filho favorito... e seus irmãos sabem disso.

Ganha um carro. Eles, não. Ganha roupas Armani; eles, da C&A. Vai para o acampamento de verão; eles são obrigados a trabalhar. Você vai para a faculdade; eles ficam bravos.

E resolvem se vingar. Fazem você de escravo e o vendem para um projeto estrangeiro, colocam-no num avião para o Egito e dizem a seu pai que você levou um tiro. Você acaba cercado de pessoas que não conhece, falando uma língua que não entende e vivendo numa cultura que nunca viu.

História imaginária? Não. É a história de José. Filho favorecido em uma família bizarra, ele tinha todos os motivos do mundo para se vingar.

Tentou tirar o melhor das circunstâncias. Tornou-se o chefe dos servos do dirigente do Serviço Secreto. A mulher do patrão tentou seduzi-lo; ele foi parar na prisão por ter recusado. O faraó ficou sabendo que José conseguia interpretar sonhos e permitiu que ele tentasse adivinhar os dele.

Quando José os interpretou, foi levado da prisão para o palácio e se tornou primeiro-ministro. A segunda posição mais alta de todo o Egito. José só precisava se ajoelhar perante o rei.

Enquanto isso, teve início uma grande fome e Jacó, o pai de José, envia seus filhos ao Egito para pedir um empréstimo. Os irmãos não sabem, mas estão parados na frente do irmão que venderam aos ciganos há 22 anos.

Eles não o reconhecem, mas José, sim. Um pouco mais carecas e barrigudos, mas são os mesmos irmãos. Imagine os pensamentos de José. A última vez em que tinha visto seus rostos, estava olhando do fundo de um poço. A última vez em que ouviu suas vozes, eles estavam rindo. A última vez em que pronunciaram seu nome, eles o estavam xingando.

Agora era sua chance de se vingar. Estava no controle de toda a situação. Um estalar de dedos e esses irmãos estavam mortos. Melhor ainda, algumas ordens e eles veriam como eram as catacumbas egípcias. Podia deixá-los dormir no chão. Limpar o chão. Aprender egípcio.

A vingança está ao alcance de José. E há poder na vingança. Um poder intoxicante.

Nós já o experimentamos, não? Nunca sentimos a tentação de nos vingar?

Quando acompanhamos o delinquente ao tribunal, anunciamos: "Ele me machucou!" Os jurados balançam a cabeça desgostosos. "Ele me abandonou!", explicamos, e na sala ecoam nossas acusações. "Culpado!", determina o juiz enquanto bate o martelo. "Culpado!", concorda o júri. "Culpado!", proclama a audiência. Nós nos deliciamos com esse momento de justiça. Ficamos felizes com esse ajuste de contas. Então prolongamos o evento. Contamos a história muitas vezes.

Agora, vamos congelar essa cena. Tenho uma pergunta. Não para todos vocês, mas para alguns. Alguns de vocês estão no tribunal. O tribunal das reclamações. Alguns estão repetindo a mesma ferida a cada oportunidade diante de qualquer um que queira ouvir.

Para você, faço esta pergunta: desde quando você é Deus? Não quero ser arrogante, mas por que você está fazendo o trabalho por ele?

"A mim pertence a vingança; eu retribuirei", declarou Deus (Hebreus 10:30).

"Não diga: 'Eu o farei pagar pelo mal que me fez!' Espere pelo SENHOR, e ele dará a vitória a você" (Provérbios 20:22).

Julgar é função de Deus. Aceitar outra coisa é achar que Deus não é capaz.

A vingança é irreverente. Quando revidamos, estamos dizendo: "Sei que a vingança é sua, Deus, mas não acho que o Senhor puniu o suficiente. Achei que era melhor resolver essa situação com minhas próprias mãos. O Senhor tem uma tendência a ser pouco duro."

José entende isso. Em vez de se vingar, ele revela sua identidade e faz com que seu pai e o resto da família venham ao Egito. Ele garante a segurança de todos e fornece um lugar para viverem. Todos vivem em harmonia por dezessete anos.

Mas então Jacó morre e chega o momento da verdade. Os irmãos acham que, com Jacó morto, eles terão sorte se conseguirem sair do Egito com a cabeça presa ao pescoço. Então se dirigem a José e pedem misericórdia.

"Antes de morrer, teu pai nos ordenou que te disséssemos o seguinte: 'Peço-lhe que perdoe os erros e pecados de seus irmãos que o trataram com tanta maldade!'" (Gênesis 50:16-17) (Tenho de sorrir ao pensamento de homens adultos falando assim. Eles não parecem crianças chorando: "Papai falou para você nos tratar bem"?)

A resposta de José? "Quando recebeu o recado, José chorou" (Gênesis 50:17). *O que mais devo fazer?*, imploravam suas lágrimas. *Eu lhes dei um lar. Alimentei suas famílias. Por que ainda não confiam em minha graça?*

Por favor, leia com cuidado as duas declarações que ele faz para seus irmãos. Primeiro, ele pergunta: "Estaria eu no lugar de Deus?" (v.19).

Posso afirmar o óbvio? A vingança pertence a Deus! Se a vingança é de Deus, então não é nossa. Deus não pediu para nos vingarmos. Nunca.

Por quê? A resposta está na segunda parte da declaração de José: "Vocês planejaram o mal contra mim, mas Deus o tornou em bem, para que hoje fosse preservada a vida de muitos" (v. 20).

O perdão vem mais rápido com uma lente grande angular. José usa uma para chegar à visão total. Ele se recusa a focar na traição de seus irmãos sem ver também a lealdade de seu Deus.

Isso sempre ajuda a ver o quadro geral.

Algum tempo atrás, eu estava no saguão de um aeroporto quando vi um conhecido entrando. Era um homem que não via há algum tempo, mas que sempre estava nos meus pensamentos. Ele tinha enfrentado um divórcio e eu conhecia a situação razoavelmente para saber que parte da culpa era dele.

Percebi que ele não estava sozinho. Ao seu lado, havia uma mulher. *Uau, esse safado! Uns poucos meses e já está com outra mulher?*

Qualquer impulso de saudação desapareceu quando julguei seu caráter. Mas ele me viu. Fez uma saudação. Veio em minha direção. Não tinha saída. Fora pego. Teria de me encontrar com o pecador. E fui.

— Max, quero que conheça minha tia e seu marido.

Engoli em seco. Não tinha visto o outro homem.

— Estamos indo para uma reunião familiar. Sei que eles gostariam muito de conhecer você.

— Nós usamos os seus livros em nossos estudos sobre a Bíblia —, contou o tio do meu amigo. — Você apresenta ótimas ilustrações."

"Se soubessem...", pensei comigo. Tinha cometido o pecado tão comum da falta de perdão. Tinha decidido sem conhecer a história.

Perdoar alguém é admitir seus limites. Só recebemos uma peça do quebra-cabeça da vida. Somente Deus tem a tampa da caixa.

Perdoar alguém é mostrar reverência. Perdão não é dizer que aquele que o machucou tinha razão. Perdão é declarar que Deus é justo e fará o que é certo.

Afinal, não temos muito a fazer para tentar realizar as tarefas de Deus também?

Adivinhe: acabei de perceber algo. O cri-cri parou. Fiquei tão envolvido neste capítulo que o esqueci. Não joguei nenhuma caneta nele na última hora. Acho que o bichinho dormiu. Talvez fosse o que queria desde o começo, mas eu ficava jogando minhas Bics em cima do coitado.

O grilo acabou conseguindo seu descanso. E eu acabei o capítulo. Incrível o que realizamos quando abandonamos nossa raiva.

Para refletir e discutir

1. É a "lei da selva" ou a "lei do reino" que caracteriza com mais frequência sua resposta aos maus-tratos? Dê um exemplo de como você reage aos maus-tratos.
2. "Quando revidamos, estamos dizendo: 'Sei que a vingança é sua, Deus, mas só acho que ele não foi severamente punido. Achei que era melhor cuidar eu mesmo da situação. O Senhor tem uma tendência a ser muito bonzinho." Já se sentiu dessa forma? Explique.
3. Como é que o perdão fica mais fácil com uma "lente grande angular"?
4. Por que é mais difícil com uma "lente tele"?
5. Leia Provérbios 20:22. Quais ordens negativas foram dadas aqui? Quais ordens positivas são dadas? Como as duas funcionam juntas?

Capítulo 14:

DAVI

Levantando-se de madrugada, Davi deixou o rebanho com outro pastor, pegou a carga e partiu, conforme Jessé lhe havia ordenado. Chegou ao acampamento na hora em que, com o grito de batalha, o exército estava saindo para suas posições de combate. Israel e os filisteus estavam se posicionando em linha de batalha, frente a frente. Davi deixou o que havia trazido com o responsável pelos suprimentos e correu para a linha de batalha para saber como estavam seus irmãos. Enquanto conversava com eles, Golias, o guerreiro filisteu de Gate, avançou e lançou seu desafio habitual; e Davi o ouviu. Quando os israelitas viram o homem, todos fugiram cheios de medo.

Davi, porém, disse ao filisteu: "Você vem contra mim com espada, com lança e com dardos, mas eu vou contra você em nome do SENHOR dos Exércitos, o Deus dos exércitos de Israel, a quem você desafiou. Hoje mesmo o SENHOR o entregará nas minhas mãos, eu o matarei e cortarei a sua cabeça. Hoje mesmo darei os cadáveres do exército filisteu às aves do céu e aos animais selvagens, e toda a terra saberá que há Deus em Israel. Todos os que estão aqui saberão que não é por espada ou por lança que o SENHOR concede vitória; pois a batalha é do SENHOR, e ele entregará todos vocês em nossas mãos." Quando o filisteu começou a vir na direção de Davi, este correu para a linha de batalha para enfrentá-lo. Tirando uma pedra de seu alforje, arremessou-a com a atiradeira e atingiu o filisteu na testa, de tal modo que ela ficou encravada, e ele caiu, dando com o rosto no chão. Assim Davi venceu o filisteu com uma atiradeira e uma pedra; sem espada na mão, derrubou o filisteu e o matou.

1 Samuel 17:20-24; 45-50

Encarando seus gigantes

O rapaz magro e sem barba se ajoelha perto do riacho. A lama suja seus joelhos. A água borbulhante esfria sua mão. Se estivesse prestando atenção, poderia estudar seus belos traços refletidos ali. O cabelo da cor do cobre. Uma pele queimada e olhos que tiravam o fôlego das empregadas hebreias. Ele não procura seu reflexo, no entanto, mas as rochas. Pedras. Pedras lisas. Do tipo que cabe direitinho na bolsa de um pastor, que se encaixa direito no estilingue de couro. Pedras lisas que parecem pesadas na mão e viram um míssil com a força de um cometa caindo na cabeça de um leão, um urso ou, nesse caso, de um gigante.

Golias olha para baixo do alto do monte. Somente a descrença impede que ria. Ele e sua horda de filisteus transformaram a metade do vale em uma floresta de lanças; ruge um bando de vândalos sedentos de sangue, mostrando seus capacetes e suas tatuagens de arame farpado. As torres de Golias acima deles: quase três metros de altura, usando uns sessenta quilos de armaduras e rugindo como o principal lutador no campeonato de luta livre. Ele usa um colar tamanho gigante, um chapéu idem e um cinto de um metro e meio. Seu bíceps quase arrebenta, os músculos ficam tensos e seu grito se espalha pelo vale. "Eu desafio hoje as tropas de Israel! Mandem-me um homem para lutar sozinho comigo" (1 Samuel 17:10). *Quem quer sair no mano a mano comigo? Mandem seu melhor lutador.*

Nenhum voluntário hebreu. Até hoje. Até Davi.

Davi apareceu essa manhã. Checou as ovelhas e foi entregar pão e queijo para seus irmãos na frente de batalha. Foi lá que ouviu Golias desafiar a Deus e foi quando tomou sua decisão. Pegou suas coisas, escolheu cinco pedras lisas no riacho e colocou-as na sacola de pastor, que ele leva consigo em uma mão, o estilingue na outra. E se aproxima dos filisteus (17:40).[1]

Golias menospreza o rapaz, chamando-o de Pedaço de Pau. "Por acaso sou um cão, para que você venha contra mim com pedaços de pau?" (17:43). O esquelético Davi. O volumoso e brutal Golias. O palito de dente *versus* o tornado. A minibicicleta atacando o caminhão de 8 eixos. O minipoodle partindo para cima do rottweiler. Quais as chances de Davi contra esse gigante?

Maiores, talvez, do que as suas contra seus gigantes.

O seu Golias não carrega nem espada nem escudo; ele brande espadas de desemprego, abandono, abuso sexual ou depressão. Seu gigante não desfila pelo vale do carvalho; ele brinca pelo seu escritório, seu quarto, sua classe. Ele traz contas que você não consegue pagar, notas que não consegue alcançar, pessoas que você não consegue agradar, uísques a que você não consegue resistir, pornografia que você não consegue recusar, uma carreira da qual não consegue fugir, um passado do qual não consegue se livrar e um futuro que não consegue encarar.

Você conhece bem o rugido do Golias.

Davi encarou um gigante que repetia seus desafios o tempo todo. "Durante quarenta dias o filisteu aproximou-se, de manhã e de tarde, e tomou posição" (17:16). O seu faz o mesmo. Primeiro pensamento na manhã, última preocupação da noite: seu Golias domina seu dia e se infiltra em seu prazer.

Por quanto tempo ele o seguiu? A família de Golias era uma velha inimiga dos israelitas. Josué os tinha expulsado da Terra Prometida há trezentos anos. Ele destruiu todos, menos os residentes de três cidades: Gaza, Gate e Ashdod. Em Gate nasciam gigantes como em Yosemite nascem sequoias. Adivinhem onde Golias foi criado? Estão vendo o G em sua jaqueta? Escola Gate. Seus ancestrais eram para os hebreus o que os piratas eram para a marinha de Sua Majestade.

Os soldados de Saul viam Golias e murmuravam: "De novo, não. Meu pai lutou contra o pai dele. Meu avô lutou contra o avô dele."

Você repete palavras. "Estou me tornando um workaholic, como era meu pai." "O divórcio se espalhou pela minha família como um vírus." "Minha mãe também não consegue ter amigos. Será que isso vai acabar algum dia?"

Golias: o já famoso *bully* do vale. Mais duro do que um bife barato. Mais latidos do que um par de Dobermans. Ele espera por você de manhã e o atormenta à noite. Perseguiu seus ancestrais e agora se aproxima de você. Bloqueia o sol e faz com que você fique na sombra de uma dúvida. "Ao ouvirem as palavras do filisteu, Saul e todos os israelitas ficaram atônitos e apavorados" (17:11).

Mas o que estou falando? Você conhece Golias. Reconhece seus passos e treme quando ele fala. Já viu seu Godzilla. A pergunta é: ele é tudo que você vê? Conhece a voz dele — mas é só isso que ouve? Davi viu e ouviu além. Leia as suas primeiras palavras, não só na batalha, mas na Bíblia: "Davi perguntou aos soldados que estavam ao seu lado: 'O que receberá o homem que matar esse filisteu e salvar a honra de Israel? Quem é esse filisteu incircunciso para desafiar os exércitos do Deus vivo?'" (17:26).

Davi aparece discutindo com Deus. Os soldados não mencionaram nada, os irmãos nunca falaram seu nome, mas Davi dá um passo à frente e levanta a questão do Deus vivo. Ele faz o mesmo com o Rei Saul: nada de conversa fiada sobre a batalha ou perguntas sobre as chances. Apenas um anúncio vindo de Deus: "O SENHOR que me livrou das garras do leão e das garras do urso me livrará das mãos desse filisteu" (17:37).

Ele continua o tema com Golias. Quando o gigante menospreza Davi, o jovem pastor responde:

> Davi, porém, disse ao filisteu: "Você vem contra mim com espada, com lança e com dardos, mas eu vou contra você em nome do SENHOR dos Exércitos, o Deus dos exércitos de Israel, a quem você desafiou. Hoje mesmo o SENHOR o entregará nas minhas mãos, eu o matarei e cortarei a sua cabeça. Hoje mesmo darei os cadáveres do exército filisteu às aves do céu e aos animais selvagens, e toda a terra saberá que há Deus em Israel. Todos os que estão aqui saberão que não é por espada ou por lança que o SENHOR concede vitória; pois a batalha é do SENHOR, e ele entregará todos vocês em nossas mãos."
>
> 17:45-47

Ninguém mais conversa com Deus. Davi só conversa com Deus.

Um drama secundário aparece na história. Mais do que "Davi versus Golias", é um "foco em Deus versus foco no gigante".

Davi vê o que os outros não veem e se recusa a ver o mesmo que os outros. Todos os olhos, exceto os de Davi, estão voltados para o brutal e odioso monstro. Todas as bússolas, menos a de Davi, estão apontando para o filisteu. Todos os diários, menos o de Davi, descrevem os dias na terra do Neanderthal. As pessoas conhecem seus insultos, exigências, tamanho e provocações. São formados na matéria Golias.

Davi prefere estudar Deus. Ele vê o gigante, não se esqueçam disso; ele só vê Deus de maneira mais forte. Confira cuidadosamente o grito de guerra de Davi: "Você vem contra mim com espada, com lança e com dardos, mas eu vou contra você em nome do SENHOR dos Exércitos, o Deus dos exércitos de Israel, a quem você desafiou" (17:45).

Notem o plural — *exércitos* de Israel. Exércitos? O observador comum só vê um exército de Israel. Não Davi. Ele vê os Aliados no dia D: batalhões de anjos e infantarias de santos, as armas do vento e as forças da Terra. Deus pode diminuir os inimigos com granizos como fez por Moisés, derrubar as muralhas como fez por Josué, usar trovões como fez por Samuel.[2]

Davi vê os exércitos de Deus. Por isso, Davi corre em direção ao exército de filisteus (17:48).[3]

Os irmãos de Davi cobrem os olhos, amedrontados e embaraçados. Saul suspira quando o jovem hebreu corre em direção à morte certa. Golias joga a cabeça para trás, rindo, o suficiente para que seu capacete saia do lugar e mostre um pouco de sua testa. Davi mira o alvo e aproveita o momento. O som do estilingue é o único no vale. Pssssssssss... Os torpedos de pedra cruzam o ar e acertam o crânio do gigante; Golias fecha os olhos e cruza as pernas; cai no chão e morre. Davi arranca a espada de Golias do seu cinto, mata alguns filisteus e corta a cabeça do gigante.

Poderíamos dizer que Davi sabia como suplantar *por uma cabeça* seu gigante.

Quando foi a última vez que você fez o mesmo? Quanto vai demorar até você enfrentar seu desafio? Tendemos a retroceder, a nos esconder atrás de uma mesa de trabalho ou nos arrastar até um bar atrás de distração ou a uma cama de amor proibido. Por um momento, um dia ou um ano, nós nos sentimos seguros, isolados, anestesiados, mas então termina o trabalho, a bebida acaba ou o amor nos abandona e ouvimos novamente Golias. Retumbando. Bombástico.

Tente algo diferente. Corra em direção a seu gigante com uma alma saturada de Deus. *Gigante do divórcio, não vai entrar na minha casa! Gigante da depressão? Pode me levar toda a vida, mas você não vai me conquistar. Gigante do álcool, da intolerância, do abuso infantil, da insegurança... você vai cair.* Quanto vai demorar para você carregar seu estilingue e atingir seu gigante?

Já demorou muito, você diria? Então Davi é seu modelo. Deus o chamou "homem segundo o meu coração" (Atos 13:22). Ele não apelou a mais ninguém. Nem Abraão ou Moisés ou José. Ele chamou Paulo de apóstolo, João de seu amado, mas nenhum outro de "homem segundo o meu coração".

Alguém pode ler a história de Davi e se perguntar o que Deus viu nele. O rapaz tinha defeitos e virtudes, tropeçava tão frequentemente quanto conquistava. Ele conseguiu enfrentar o olhar de Golias, mas devorava Betsabá com os olhos; desafiou os que se burlavam de Deus no vale, mas se juntava a eles no deserto. Um escoteiro um dia, cúmplice da Máfia no seguinte. Conseguia liderar exércitos, mas não uma família. Davi furioso. Davi chorão. Sedento de sangue. Faminto por Deus. Oito esposas. Um Deus.

Um "homem segundo o meu coração"? Que Deus o tenha percebido é algo que dá esperança a todos nós. A vida de Davi tem pouco a oferecer ao santo. Almas perfeitas acham que a história de Davi é desapontadora. O resto de nós acha tranquilizadora. Porque viajamos na mesma montanha-russa. Alternamos entre barrigadas e saltos perfeitos, suflês e torradas queimadas.

Nos bons momentos de Davi, ninguém era melhor. Em seus momentos ruins, dava para ser pior? O coração que Deus amava era bem problemático.

Precisamos da história de Davi. Os gigantes andam ao nosso redor. Rejeição. Fracasso. Vingança. Remorso. Nossas lutas se parecem com a vida de um boxeador:

"Na luta principal, temos Joe, o cara decente, *versus* um bando de torcedores."

"Pesando 50 quilos, Elizabeth, a garota trabalhadora, vai enfrentar os ridículos que machucaram seu coração."

"Nesse canto, o sofrido casamento de Jason e Patricia. No canto oposto, o desafiante do estado de confusão, o destruidor de lares chamado Desconfiança."

Gigantes. Devemos enfrentá-los. Mas não podemos fazer isso sozinhos. Foco primeiro, e principalmente, em Deus. Quando Davi fazia isso, os gigantes caíam. Quando Davi perdia o foco, era ele que caía.

Teste essa teoria com uma Bíblia aberta. Leia 1 Samuel 17 e liste as observações que Davi fez em relação a Golias.

Só encontro duas. Uma declaração para Saul sobre Golias (v. 36). E uma na cara de Golias: "Quem é esse filisteu incircunciso para desafiar os exércitos do Deus vivo?" (v. 26).

Só isso. Dois comentários relacionados com Golias (e bem vulgares) e nenhuma pergunta. Nenhuma dúvida sobre as habilidades, a idade, a posição social ou o QI de Golias. Davi não pergunta nada sobre o peso da lança, o tamanho do escudo ou o significado da caveira tatuada no bíceps do monstro. Davi não pensa no mamute que está na montanha. Nadinha.

Mas ele pensa muito em Deus. Releia as palavras de Davi, desta vez sublinhando suas referências ao Senhor.

"exércitos do *Deus vivo*?" (v. 26).

"exércitos do *Deus vivo*" (v. 36).

"*do SENHOR* dos Exércitos, o Deus dos exércitos de Israel" (v. 45).

"*o SENHOR* o entregará nas minhas mãos... e toda a terra saberá que *há Deus em Israel*" (v. 46).

"não é por espada ou por lança que *o SENHOR* concede vitória; pois *a batalha é do SENHOR*, e *ele entregará todos vocês em nossas mãos*" (v. 47).[4]

Eu contei nove referências. Há mais pensamentos sobre Deus do que sobre Golias, numa proporção de 9 para 2. Agora, pense na sua atitude. Você considera a graça de Deus quatro vezes mais do que sua própria culpa? A sua lista de bênçãos é quatro vezes mais longa que sua lista de reclamações? O seu arquivo mental de esperança é quatro vezes mais grosso que seu arquivo mental de terror? Você descreve quatro vezes mais a fortaleza de Deus que as exigências de seu dia?

Não? Então Davi é o seu modelo.

Alguns notam a falta de milagres na história dele. Nenhum Mar Vermelho se abrindo, carruagens de fogo ou Lázaros revivendo. Nenhum milagre.

Mas há um. Davi é um milagre. Um ser maravilhoso de Deus que evidencia essa verdade:

Coloque o foco nos gigantes — você cai.

Coloque o foco em Deus — seus gigantes caem.

Levante os olhos, matador de gigantes. O Deus que fez um milagre por Davi está pronto para fazer o mesmo por você.

Para refletir e discutir

1. Quais Golias você já enfrentou no passado? Como o seu Golias bloqueia sua visão de Deus e torna mais difícil ouvir a palavra do Senhor?
2. "Davi prefere estudar Deus. Ele vê o gigante, não se esqueçam disso; ele só vê Deus de maneira mais forte.." Como ser especialista em Deus ajuda a diminuir os Golias da sua vida?
3. Quando você foca nos seus gigantes, que tipo de quedas tende a ter? Quando foca em Deus, que tipo de quedas seus gigantes costumam ter?
4. Leia 1 Samuel 17:1-54. Que razão Davi apresenta para ter tanta confiança em uma luta contra Golias (v. 34-37)? O que os versos 45-47 revelam sobre o homem "segundo o meu coração"?
5. Que Golias está olhando para sua cara bem agora, rindo de você e desafiando Deus a salvá-lo? Tire uma hora para focar em Deus — em seu poder, sua sabedoria e sua glória — e na qual você concentrará suas orações para ajudá-lo nesse problema. Veja como Deus vira completamente o jogo nessa batalha!

Capítulo 15:

ESTER

Quando Mardoqueu recebeu a resposta de Ester, mandou dizer-lhe: "Não pense que pelo fato de estar no palácio do rei, você será a única entre os judeus que escapará, pois, se você ficar calada nesta hora, socorro e livramento surgirão de outra parte para os judeus, mas você e a família do seu pai morrerão. Quem sabe se não foi para um momento como este que você chegou à posição de rainha?" Então Ester mandou esta resposta a Mardoqueu: "Vá reunir todos os judeus que estão em Susã, e jejuem em meu favor. Não comam nem bebam durante três dias e três noites. Eu e minhas criadas jejuaremos como vocês. Depois disso irei ao rei, ainda que seja contra a lei. Se eu tiver que morrer, morrerei."

O rei e Hamã foram ao banquete com a rainha Ester, e, enquanto estavam bebendo vinho no segundo dia, o rei perguntou de novo: "Rainha Ester, qual é o seu pedido? Você será atendida. Qual o seu desejo? Mesmo que seja a metade do reino, isso lhe será concedido." Então a rainha Ester respondeu: "Se posso contar com o favor do rei, e se isto lhe agrada, poupe a minha vida e a vida do meu povo; este é o meu pedido e o meu desejo."

ESTER 4:12-16; 7:1-3

A mulher que conquistou o coração do Rei

Nossa família saiu para comprar mesas novas. Eu precisava de uma para o escritório, e tínhamos prometido a Andrea e Sara mesas para seus quartos. Sara estava bastante entusiasmada. Quando chega da escola, adivinha do que ela brinca? De escola! Eu nunca fiz isso quando era criança. Tentava esquecer as atividades de classe, não repeti-las. Denalyn me garante que não preciso me preocupar, que essa é uma das diferenças entre gerações. Então, lá fomos nós para a loja de móveis.

Quando Denalyn compra móveis, ela prefere um dos dois extremos — tão velho que é frágil ou tão novo que nem está pintado. Dessa vez nós optamos pelo último e entramos numa loja de fábrica.

Andrea e Sara conseguiram logo escolher as delas e eu também encontrei a minha. Durante o processo, Sara descobriu que não íamos levar as mesas para casa naquele dia e essa notícia a deixou muito perturbada. Eu expliquei que a peça deveria ser pintada e chegaria em torno de quatro semanas. Eu poderia ter dito quatro milênios.

Seus olhos se encheram de lágrimas:

— Mas, papai, eu queria levá-la para casa hoje.

Ainda bem que ela não bateu o pé nem exigiu nada. Começou, no entanto, uma campanha para mudar completamente as ideias de seu pai. Toda vez que eu virava uma esquina, ela estava esperando por mim.

— Pai, o senhor não acha que nós mesmos poderíamos pintar?

— Pai, eu só queria fazer uns desenhos na minha mesa nova.

— Pai, por favor, vamos levar a mesa para casa hoje.

Depois de um tempo, ela desapareceu, para voltar, os braços abertos e bastante feliz com sua descoberta:

— Adivinhe, pai. Ela cabe no porta-malas!

Nós sabemos que uma criança de sete anos não tem noção do que cabe ou não em um porta-malas, mas saber que ela havia medido o local com seus braços amoleceu meu coração. O argumento decisivo, no entanto, foi seu tom de voz quando pedia: "Papai..."

A família Lucado levou uma mesa para casa nesse dia.

Ouvi o pedido de Sara pela mesma razão que Deus ouve o nosso. Seu desejo era para o seu próprio bem. Qual pai não queria que sua filha passasse mais tempo escrevendo e desenhando? Sara queria o que eu queria para ela, só que não podia esperar. Quando concordamos com o que Deus quer, ele nos ouve também (ver 1 João 5:14).

O pedido de Sara era sincero. Deus também é tocado por nossa sinceridade. A "oração de um justo é poderosa e eficaz" (Tiago 5:16).

Mas, acima de tudo, fui levado a concordar porque Sara me chamou "papai". Como ela é minha filha, eu ouvi seu pedido. Porque somos seus filhos, Deus ouve os nossos. O rei da criação dá ouvidos à voz de sua família. Ele não só está disposto a nos ouvir, também adora nos ouvir. Ele até nos diz o que pedir.

"Venha a nós o teu reino."

Venha a nós o teu reino

Não nos contemos quando pedimos. Entramos na sala do trono de Deus com uma bolsa cheia de pedidos — promoções desejadas, aumentos, o carro novo que queremos e as prestações pagas. Fazemos, no geral, nossas orações do mesmo jeito que pedimos um hambúrguer na lanchonete. "Vou querer um problema resolvido e duas bênçãos, sem rolos, por favor."

Mas tal complacência parece inapropriada na capela de oração. Aqui estamos perante o Rei dos reis. O aumento ainda é necessário e a promoção ainda desejada, mas é por aí que começamos?

Jesus mostra como começar. "Quando você ora, faça assim. 'Nosso Pai que está no céu, santificado seja o teu nome. Venha a nós o teu reino.'"

Quando pede "Venha a nós o teu reino", você está convidando o Messias a entrar em seu mundo. "Venha, meu Rei! Estabeleça seu trono em nossa terra. Esteja presente em meu coração. Esteja presente em meu escritório. Entre em meu casamento. Seja o Senhor da minha família, meus medos e minhas dúvidas." Esse não é um pedido fraco; é um forte apelo a Deus para ocupar todos os cantos da sua vida.

Quem é você para pedir tal coisa? Quem é você para pedir a Deus que controle seu mundo? Você é o filho dele, caramba! Então peça com confiança: "Assim, aproximemo-nos do trono da graça com toda a confiança, a fim de que recebamos misericórdia e encontremos graça que nos ajude no momento da necessidade" (Hebreus 4:16).

Um drama espiritual

Uma maravilhosa ilustração desse tipo de ousadia está na história de Hadassa. Embora sua linguagem e sua cultura fossem muito distantes da nossa, ela pôde contar sobre o poder de uma oração ao rei. Há algumas diferenças, no entanto. Seu pedido não era para seu pai, mas para seu marido, o rei. Sua oração não era por uma mesa, mas pela libertação de seu povo. E por ter entrado na sala do trono, porque abriu seu coração ao rei, ele mudou de planos e milhões de pessoas em 127 países diferentes foram salvas.

Ah, como eu gostaria que você conhecesse Hadassa. Mas, como ela viveu no século V a.C., tal encontro é pouco provável. Teremos de nos contentar com ler sobre ela no livro que leva seu nome — seu outro nome: o livro de Ester.

E que livro! Hollywood teria um desafio nas mãos se quisesse competir com o nível de drama dessa história... o malvado Hamã que exigia que todos lhe rendessem tributo... o corajoso Mordecai que se recusou a se ajoelhar perante Hamã.... as grandes palavras de Mordecai para Ester de que ela poderia ter sido escolhida rainha em "tempos como esse"... e a convicção de Ester em salvar seu povo. "Se eu morrer, morrerei", ela decidiu.

Vamos rever os personagens principais.

Xerxes era o rei da Pérsia. Era o monarca absoluto sobre a terra que ia da Índia à Etiópia. Se Xerxes levantasse uma sobrancelha, o destino do mundo mudaria. A respeito disso, ele simbolizava o poder de Deus, porque nosso Rei guia o rio da vida e ele nem precisa levantar uma sobrancelha.

Hamã (cujo nome soa como *hangman* [enforcado em inglês], o que logo você verá que é mais que uma curiosa coincidência) era o braço direito de Xerxes. Leia tudo sobre o homem e você não encontrará nada de bom sobre ele. Era um egocêntrico insaciável que queria que todas as pessoas do reino o adorassem. Perturbado por uma minoria peculiar chamada de judeus, ele decidiu exterminá-los. Convenceu Xerxes de que o mundo seria melhor com um holocausto e marcou uma data para o genocídio de todos os filhos de Abraão.

Hamã é um servo do inferno e a imagem do próprio demônio, que não possui objetivos maiores do que ter todos de joelhos quando passa. Satã mesmo não tem outro plano que não seja perseguir o povo de Deus. Ele vem para "roubar, matar e destruir" (João 10:10). "Ele está cheio de fúria, pois sabe que lhe resta pouco tempo" (Apocalipse 12:12). Desde a mentira no jardim, ele tenta destruir o plano de Deus. Nesse caos, Satã espera destruir os judeus, destruindo assim a linhagem de Jesus. Para Hamã, o massacre é uma questão de conveniência. Para Satã, é uma questão de sobrevivência. Ele fará o que for necessário para impedir a presença de Jesus no mundo.

É por isso que ele não quer que você reze como Jesus ensinou: "Venha a nós o teu reino."

Ester, a filha adotiva de Mordecai, tornou-se rainha ao ganhar o concurso de Miss Pérsia. Em um dia, ela passou da obscuridade para a realeza, e de muitas formas ela me lembra você: Ester, a noiva de Xerxes, e você, de Cristo. As duas têm acesso ao trono do rei e também possuem um conselheiro para guiar e ensinar. Seu conselheiro é o Espírito Santo. O conselheiro de Ester era Mordecai.

Foi Mordecai que sugeriu para Ester que mantivesse em segredo sua nacionalidade judaica. Também foi Mordecai que a convenceu a falar com Xerxes sobre o iminente massacre. Você pode perguntar por que ela precisaria de algum encorajamento. Mordecai deve ter se perguntado a mesma coisa. Ouça a mensagem que ele recebeu de Ester:

> Todos os oficiais do rei e o povo das províncias do império sabem que existe somente uma lei para qualquer homem ou mulher que se aproxime do rei no pátio interno sem por ele ser chamado: será morto, a não ser que o rei estenda o cetro de ouro para a pessoa e lhe poupe a vida. E eu não sou chamada à presença do rei há mais de trinta dias.
>
> Ester 4:11

Por mais estranho que possa parecer para nós, nem mesmo a rainha poderia se aproximar do rei sem um convite. Entrar na sala do trono sem um convite era se arriscar a visitar as masmorras. Mas Mordecai a convence a se arriscar. Se você se pergunta por que entendo que Mordecai representa a imagem do Espírito Santo, veja como ele a encoraja a fazer o que é certo. "Não pense que pelo fato de estar no palácio do rei, você será a única entre os judeus que escapará, pois, se você ficar calada nesta hora, socorro e livramento surgirão de outra parte para os judeus, mas você e a família do seu pai morrerão. Quem sabe se não foi para um momento como este que você chegou à posição de rainha?" (Ester 4:13-14).

Veja agora como Ester responde: "Ester vestiu seus trajes de rainha e colocou-se no pátio interno do palácio, em frente do salão do rei" (Ester 5:1).

Não consegue vê-la? Bem atrás da capa da revista *Mademoiselle*? Não consegue ver o Rei Xerxes? Folheando sua revista *Car and Chariot*? Ao lado dele, está um guarda de peito estufado. Atrás, um eunuco tagarela. À sua frente, um longo dia de reuniões de ministros e o tapete real vermelho. Ele deixa escapar um suspiro e se afunda em seu trono... e pelo canto do olho, vê Ester.

"Quando viu a rainha Ester ali no pátio, teve misericórdia dela" (5:2). Vou fazer uma tradução desse versículo: "Quando o rei viu a Rainha Ester parada no pátio, ele disse: Eba, eba, eba." "Estendeu-lhe o cetro de ouro que tinha na mão. Ester aproximou-se e tocou a ponta do cetro" (5:2).

O que se segue é o rápido colapso do jogo de Satã. Hamã quer destruir Mordecai, o único homem que não se ajoelhou a seus pés. Ester planeja fazer um par de banquetes para Xerxes e Hamã. No final do segundo banquete, Xerxes implora para que Ester peça algo. Ela olha um pouco timidamente para o chão: "Bem, agora que o senhor mencionou, há um pequenino favor que quero pedir." E ela começa a informar o rei sobre o terrível antissemita que estava empenhado em matar seus amigos como ratos, o que significava que Xerxes estava a ponto de perder sua esposa se não agisse logo, e não é isso que você quer, certo, querido?

Xerxes exige o nome do assassino e Hamã tenta escapar. Ester abre o bico e Xerxes perde a paciência. Ele sai para tomar um Prozac e quando volta encontra Hamã aos pés de Ester. Ele está implorando misericórdia, mas o rei acha que ele está dando em cima da rainha. E antes de ter uma chance de explicar, Hamã é levado às masmorras que tinha construído para Mordecai.

Hamã fica com as cordas e assume o destino de Mordecai. Ester ganha uma boa noite de sono. Os judeus vivem mais um dia. E nós ganhamos uma importante lembrança do que acontece quando nos aproximamos do Rei.

Como Ester, somos tirados da obscuridade e ganhamos um lugar no palácio.

Como Ester, temos roupas reais; ela com suas telas e nós com nossa retidão.

Como Ester, temos o privilégio de fazer nosso pedido.

Foi o que Sara fez. Seu pedido não foi tão dramático quanto o de Ester, mas mudou os planos de seu pai. Por falar nisso, a parábola viva de Sara e sua mesa não acabou na loja.

No caminho de casa, ela percebeu que minha mesa ainda estava na loja. "Acho que foi porque o senhor não implorou, não foi, papai?" (Não temos porque não pedimos.)

Quando descarregamos a mesa, ela me convidou a batizá-la com um desenho. Escrevi: "Mesa da Sara." Ela escreveu: "Amo meu pai." (A adoração é a resposta correta a uma oração que foi respondida.)

Minha parte favorita da história é o que aconteceu no dia seguinte. Compartilhei essa história no meu sermão de domingo. Um casal de nossa igreja passou por minha casa e pegou a mesa, dizendo que a pintariam. Quando entregaram, alguns dias depois, ela estava coberta de anjos. E isso me lembrou de que, quando rezamos para que o reino de Deus venha a nós, ele vem mesmo! Todos os anfitriões do Céu correm para nos ajudar.

Para refletir e discutir

1. Considere a frase "venha a nós o teu reino". Quando você pensa no reino de Deus, em que pensa? Por que acha que devemos orar para que o reino de Deus venha a nós?
2. Leia Ester 3-9. Que papel Ester cumpriu nesse drama? Que papel cumpriu Mordecai? Qual foi o do rei? A partir do ponto de vista do texto, quem é o personagem central?
3. Se o reino de Deus viesse a seu local de trabalho, o que aconteceria? No seu casamento? Na sua família?
4. Leia Hebreus 4:14-16. Quais conclusões são tiradas no versículo 16, baseado no que está escrito nos versículos 14,15? Você encontra vantagens nessa promessa? Por que sim ou por que não?
5. Passe algum tempo pedindo a Deus para ocupar todos os pontos da sua vida. Quais "pontos" você ainda não entregou a ele? Finanças? Relacionamentos? Trabalho? Escola? Recreação? Seja honesto consigo mesmo o máximo possível e faça um inventário da sua vida. Depois, convide o Rei para tomar o controle de todas as áreas.

Capítulo 16:

JÓ

Na terra de Uz, vivia um homem chamado Jó. Era homem íntegro e justo; temia a Deus e evitava fazer o mal. Tinha ele sete filhos e três filhas, e possuía sete mil ovelhas, três mil camelos, quinhentas juntas de boi e quinhentos jumentos, e tinha muita gente a seu serviço. Era o homem mais rico do oriente.

O SENHOR disse a Satanás: "Pois bem, ele está nas suas mãos; apenas poupe a vida dele." Saiu, pois, Satanás da presença do SENHOR e afligiu Jó com feridas terríveis, da sola dos pés ao alto da cabeça.

Disse ainda o SENHOR a Jó: "Aquele que contende com o Todo-poderoso poderá repreendê-lo? Que responda a Deus aquele que o acusa!" Então Jó respondeu ao SENHOR: "Sou indigno; como posso responder-te? Ponho a mão sobre a minha boca."

Jó 1:1-3; 2:6-8; 40:1-4

Quando o homem se cala

Quando morei no Brasil, levei minha mãe e uma amiga dela para conhecer as Cataratas do Iguaçu, a maior queda d'água do mundo. Algumas semanas antes, virei um especialista nas cataratas depois de ler um artigo na revista *National Geographic*. Claro, pensei, minhas convidadas apreciariam a sorte de ter um guia com tantos conhecimentos.

Para chegar ao local de observação, os turistas devem caminhar por uma trilha com muito vento que os leva pelo meio da floresta. Eu aproveitei a caminhada para dar um informe sobre a natureza de Iguaçu para minha mãe e sua amiga. Estava tão cheio de informações que falei o tempo todo. Depois de alguns minutos, no entanto, percebi que estava falando cada vez mais alto. Um som distante me forçava a levantar a voz. A cada volta da trilha, o volume da minha voz aumentava. Finalmente, eu estava gritando, tentando superar um rugido que era bastante irritante. *Que barulho é este? Queria que parasse, assim eu poderia completar minha palestra.*

Somente depois de chegar a uma clareira é que percebi que o barulho que ouvíamos eram as cataratas. Minhas palavras eram engolidas pela força e pela fúria do que estava tentando descrever. Não conseguia mais ser ouvido. Mesmo se conseguisse, já não tinha mais audiência. Até minha mãe preferia apreciar aquele esplendor a ouvir minha descrição. Calei a boca.

Há momentos em que falar é violar o momento... quando o silêncio representa o mais alto respeito. A palavra para tais momentos é reverência. A oração para tais momentos é "Abençoado seja o teu nome". Somente você e Deus estão aqui e já se supõe quem ocupa o trono.

Não se preocupe com as palavras corretas; preocupe-se mais em ter o coração correto. Não é eloquência que ele procura, somente honestidade.

O MOMENTO DE FICAR EM SILÊNCIO

Essa foi uma lição que Jó aprendeu. Se ele tinha um defeito, era sua língua. Ele falava demais.

Não que fosse culpa dele. A calamidade tinha caído sobre o homem como uma leoa sobre um bando de gazelas, e, no momento em que passou a destruição, não havia nem uma parede de pé ou um ser querido vivo. Os inimigos tinham destruído o gado de Jó e os raios matado suas ovelhas. Fortes ventos tinham deixado seus filhos enterrado nas ruínas.

E isso foi só no primeiro dia.

Jó não teve tempo nem de ligar para o plano de saúde antes de ver a lepra nas mãos e as bolhas na pele. Sua esposa, uma alma cheia de compaixão, sugeriu-lhe "amaldiçoar a Deus e morrer". Seus quatro amigos chegaram perto de sua cama com um jeito de sargento, argumentando que Deus é justo e que a dor é resultado do mal. Assim, como dois e dois são quatro, Jó deve ter feito algo de errado no passado para sofrer desse jeito.

Cada um tinha sua própria interpretação de Deus e falava muito sobre quem é Deus e por que ele fazia aquilo. Não eram os únicos falando sobre Deus. Quando seus acusadores fizeram uma pausa, Jó respondeu. Assim foi...

Jó amaldiçoou o dia do seu nascimento (3:1)
Então respondeu Elifaz, de Temã (4:1)
Então Jó respondeu (6:1)
Então Bildade, de Suá, respondeu (8:1)
Então Jó respondeu (9:1)
Então Zofar, de Naamate, respondeu (11:1)

Esse pingue-pongue verbal continua por 23 capítulos. Finalmente, Jó se cansa dessa "resposta". Chega de conversa mole. É hora do discurso principal. Ele agarra o microfone com uma mão, o púlpito com a outra e se projeta. Por seis capítulos, Jó mostra sua opinião sobre Deus. Dessa vez, pode-se ler no começo dos capítulos: "E Jó continuou", "E Jó continuou", "E Jó continuou". Ele define Deus, explica Deus e revisa Deus. Temos a impressão de que Jó sabe mais sobre Deus do que o próprio!

Somente depois de 37 capítulos no livro é que Deus limpa a garganta para falar. O capítulo 38 começa com essas palavras: "Então o Senhor respondeu a Jó."

Se a sua Bíblia é como a minha, há um erro nesse versículo. As palavras estão bem, mas a impressão usa o tamanho errado de letra. As palavras deveriam estar assim:

ENTÃO O SENHOR RESPONDEU A JÓ!

Deus fala. Os rostos se voltam para o céu. Os ventos chacoalham as árvores. Os vizinhos correm para seus abrigos. Os gatos sobem nas árvores e os cães se escondem entre os arbustos. "Está ventando, querida. Melhor tirar os lençóis do varal." Deus só precisa abrir a boca e Jó já sabe que deve manter a sua fechada.

> Prepare-se como simples homem; vou fazer-lhe perguntas, e você me responderá. Onde você estava quando lancei os alicerces da terra? Responda-me, se é que você sabe tanto. Quem marcou os limites das

> suas dimensões? Talvez você saiba! E quem estendeu sobre ela a linha de medir? E os seus fundamentos, sobre o que foram postos? E quem colocou sua pedra de esquina, enquanto as estrelas matutinas juntas cantavam e todos os anjos se regozijavam?
>
> 38:3-7

Deus enche o céu de perguntas e Jó não pode deixar de entender: somente Deus pode definir a Deus. Você precisa conhecer o alfabeto antes de ler, e Deus diz a Jó: "Você nem sabe o ABC do Céu, muito menos o vocabulário." Pela primeira vez, Jó fica em silêncio. Silenciado pela torrente de perguntas.

Você já foi até as nascentes do mar, ou já passeou pelas obscuras profundezas do abismo?... Acaso entrou nos reservatórios de neve, já viu os depósitos de saraiva...? É você que dá força ao cavalo ou veste o seu pescoço com sua crina tremulante? Você o faz saltar como gafanhoto? É graças à inteligência que você tem que o falcão alça voo e estende as asas rumo ao sul? (38:16,22; 39:19,20,26).

Jó quase não tem tempo para ouvir uma pergunta antes de outra ser feita. A implicação do Pai é evidente: "Assim que você for capaz de lidar com essas questões simples como guardar as estrelas e esticar o pescoço do avestruz, então vamos falar sobre dor e sofrimento. Mas, até lá, podemos ficar sem seus comentários."

Será que Jó entendeu a mensagem? Acho que sim. Ouça sua resposta. "Sou indigno; como posso responder-te? Ponho a mão sobre a minha boca" (40:4).

Perceba a mudança. Antes de ouvir Deus, Jó não conseguia falar o suficiente. Depois de ouvir a Deus, ele não conseguia falar nada.

O silêncio era a única resposta apropriada. Houve um tempo na vida de Tomás de Kempis em que ele, também, cobriu sua boca. Tinha escrito muito sobre o caráter de Deus. Mas, um dia, Deus o confrontou com tanta graça que, daquele momento em diante, todas as palavras de

Kempis "pareciam lixo". Ele largou a caneta e nunca mais escreveu outra linha. Colocou a mão sobre sua boca.

A palavra para tais momentos é reverência: "Abençoado seja teu nome."

Um corte acima

Essa frase é uma petição, não uma proclamação. Um pedido, não um anúncio. Abençoado *seja* teu nome. Como se disséssemos a Deus: *Faça o que for preciso para ser sagrado em minha vida. Ocupe o seu lugar de direito no trono. Exalte-se. Magnifique-se. Glorifique-se. Seja o Senhor e eu ficarei quieto.*

A palavra *hallowed* [em inglês, abençoado] vem da palavra *holy* que significa "separar". A ancestralidade do termo pode ser traçada até uma palavra antiga que significa "cortar". Ser sagrado, então, na língua inglesa, significa um corte acima do normal, superior, extraordinário. O Sagrado habita um nível diferente do resto de nós. O que nos intimida não o afeta. O que nos perturba não o atrapalha.

Não sou um grande marinheiro, mas já dei umas voltas num barco para saber como é importante encontrar terra durante uma tempestade... Você não quer encontrar outro barco. Certamente não fica olhando para as ondas. Você mira em um objeto que não é afetado pelo vento — um farol na costa — e vai direto naquela direção. A luz não é afetada pela tempestade.

Quando coloca os olhos em Deus, foca em um "corte acima" de qualquer tempestade que possa chegar.

Como Jó, você encontra paz na dor.

Como Jó, você cobre sua boca e fica sentado.

"Parem de lutar! Saibam que eu sou Deus!" (Salmo 46:10). Esse versículo contém um mandamento e uma promessa.

O mandamento?

Parem de lutar!

Cubram a boca.

Dobrem os joelhos.

A promessa? Você *saberá que sou Deus.*

O véu da fé navega sobre águas claras. A crença voa nas asas da espera.

No meio das suas tempestades diárias, lembre-se de ficar em silêncio e voltar seus olhos para ele. Deixe que Deus seja Deus. Deixe que ele o banhe em sua glória para que tanto sua respiração quanto seus problemas sejam eliminados de sua alma. Fique em silêncio. Seja aberto e esteja disposto. Então, saberá que Deus é Deus e não poderá deixar de confessar: "Abençoado seja teu nome."

Para refletir e discutir

1. Como alguém "abençoa" o nome de Deus? Do ponto de vista oposto, como alguém o profana? Na última semana, qual dos dois você fez mais? Explique.
2. Leia Jó 38:3-18. Qual é o objetivo de todas as perguntas de Deus? Quais lições ele quer que Jó aprenda? O que você aprende sobre Deus nessa passagem?
3. Leia Jó 40:4,5; 42:1-6. O que Jó finalmente aprendeu sobre Deus? Como isso mudou sua atitude em relação a sua situação?
4. Se você estivesse no lugar de Jó, acha que reagiria da mesma forma? Por quê?
5. Em tempos difíceis, você já exigiu resposta de Deus? Como seria essa resposta?

Capítulo 17:

NICODEMOS

Havia um fariseu chamado Nicodemos, uma autoridade entre os judeus. Ele veio a Jesus, à noite, e disse: "Mestre, sabemos que ensinas da parte de Deus, pois ninguém pode realizar os sinais miraculosos que estás fazendo, se Deus não estiver com ele." Em resposta, Jesus declarou: "Digo-lhe a verdade: Ninguém pode ver o Reino de Deus, se não nascer de novo." Perguntou Nicodemos: "Como alguém pode nascer, sendo velho? É claro que não pode entrar pela segunda vez no ventre de sua mãe e renascer!" Respondeu Jesus: "Digo-lhe a verdade: Ninguém pode entrar no Reino de Deus, se não nascer da água e do Espírito. O que nasce da carne é carne, mas o que nasce do Espírito é espírito. Não se surpreenda pelo fato de eu ter dito: É necessário que vocês nasçam de novo. O vento sopra onde quer. Você o escuta, mas não pode dizer de onde vem nem para onde vai. Assim acontece com todos os nascidos do Espírito." Perguntou Nicodemos: "Como pode ser isso?" Disse Jesus: "Você é mestre em Israel e não entende essas coisas? Asseguro-lhe que nós falamos do que conhecemos e testemunhamos do que vimos, mas mesmo assim vocês não aceitam o nosso testemunho. Eu lhes falei de coisas terrenas e vocês não creram; como crerão se lhes falar de coisas celestiais? Ninguém jamais subiu ao céu, a não ser aquele que veio do céu: o Filho do homem. Da mesma forma como Moisés levantou a serpente no deserto, assim também é necessário que o Filho do homem seja levantado, para que todo o que nele crer tenha a vida eterna. "Porque Deus tanto amou o mundo que deu o seu Filho Unigênito, para que todo o que nele crer não pereça, mas tenha a vida eterna. Pois Deus enviou o seu Filho ao mundo, não para condenar o mundo, mas para que este fosse salvo por meio dele."

João 3:1-17 NKJV

A CONVERSA MAIS FAMOSA DA BÍBLIA

ELE ESTÁ ESPERANDO NAS SOMBRAS. A escuridão fornece a cobertura que cobiça. Então, ele espera na segurança do cair da noite. Senta-se perto da janela do segundo andar de sua casa, bebendo um chá, olhando o pôr do sol, esperando o momento. Jerusalém é encantadora nessa hora do dia. A luz do sol que vai desaparecendo colore as ruas de pedra, dão um dourado às casas brancas e destacam o templo feito de blocos.

Nicodemos olha sobre os telhados para a gigantesca praça: reluzente e resplandecente. Ele caminhou pelo pátio naquela manhã. Fará o mesmo no dia seguinte, para se encontrar com líderes religiosos e fazer o que eles fazem: discutir Deus. Discutir como chegar a Deus, agradar a Deus, apaziguar a Deus.

Deus.

Os fariseus conversam sobre Deus. E Nicodemos se senta entre eles. Debatendo. Considerando. Resolvendo problemas. E dilemas. *Amarrar as sandálias no Sabá? Alimentar as pessoas que não trabalham? Divorciar-se da esposa? Desonrar os pais?*

O que fala Deus? Nicodemos precisa saber. É seu trabalho. Ele é um homem santo e lidera homens santos. Seu nome aparece na lista de elite dos estudiosos da Torá. Ele dedicou sua vida à lei e ocupa uma das 71 cadeiras da Suprema Corte da Judeia. Ele possui credenciais, influência e perguntas.

Perguntas para esse galileu que arrasta multidões. Esse professor que não possui diplomas, mas atrai a tantos. Que tem muito tempo para a multidão, mas pouco para o clero e a casta sagrada superior. Ele bane demônios, dizem alguns; perdoa os pecados, afirmam outros; purifica os templos, Nicodemos não tem dúvidas. Ele viu Jesus expurgar o Pórtico de Salomão.[1] Ele viu a fúria. O chicote descendo, os pássaros voando. "Não haverá nenhum comércio em minha casa!", gritou Jesus. Quando a poeira baixou e as moedas caíram, os clérigos estavam tentando descobrir quem era ele. O homem de Nazaré não ganhou nenhum aliado no templo naquele dia.

Assim, Nicodemos chega à noite. Seus colegas não sabem da reunião. Eles não entenderiam. Mas Nicodemos não consegue esperar até que esse dia chegue. Quando a escuridão toma a cidade, ele sai, caminha escondido pelas ruas de pedra. Passa por servos acendendo as lamparinas nos pátios e toma um caminho que termina na porta de uma casa simples. Jesus e seus seguidores estão ali, foi o que lhe contaram. Nicodemos bate na porta.

A sala barulhenta se silencia quando ele entra. Os homens são trabalhadores do cais e coletores de impostos, desacostumados com o mundo dos altos estudiosos. Eles trocam de cadeiras. Jesus aponta uma delas para o visitante. Nicodemos se senta e inicia uma das mais famosas conversas da Bíblia:

— Mestre, sabemos que ensinas da parte de Deus, pois ninguém pode realizar os sinais miraculosos que estás fazendo, se Deus não estiver com ele (João 3:2).

Nicodemos começa com o que ele "sabe". Como se dissesse: *Fiz minha lição de casa, seu trabalho me impressiona.*

Ouvimos uma saudação parecida de Jesus:

— E eu ouvi falar de você, Nicodemos.

Esperamos e Nicodemos pensa que se seguirá alguma conversa hospitaleira.

Nada disso. Jesus não faz menção alguma ao status VIP de Nicodemos, suas boas intenções ou credenciais acadêmicas, não porque não existam, mas porque, no algoritmo de Jesus, não têm importância. Ele apenas declara:

— Ninguém pode ver o Reino de Deus, se não nascer de novo (v. 3).

Vejam a Divisão Continental da Escritura, a linha internacional que divide a fé. Nicodemos está de um lado, Jesus do outro e Cristo não morde a língua para mostrar as diferenças.

Nicodemos habita uma terra de bons esforços, gestos sinceros e trabalho duro. Dar a Deus o melhor de si é sua filosofia, e Deus faz o resto.

A resposta de Jesus? O seu melhor ainda não é suficiente. Seus trabalhos não funcionam. Seus melhores esforços não significam nada. A menos que você renasça, não conseguirá nem perceber o que Deus deseja.

Nicodemos hesita em nome de todos nós. Renascer?

— Como alguém pode nascer, sendo velho? (v. 4). — Você deve estar brincando. Colocar a vida em ré? Retroceder a fita? Recomeçar? Não podemos renascer.

Ah, mas não gostaríamos disso? De volta ao começo. Refazer tudo de outros jeitos. Recarregar. Recuperar corações despedaçados e oportunidades perdidas. Quem não gostaria de uma segunda chance? Mas quem pode fazer isso? Nicodemos coça a barba e ri: "Sim, um velho de barba grisalha como eu, ganhando uma volta à maternidade."

Jesus não sorri.

— Digo-lhe a verdade: Ninguém pode entrar no Reino de Deus, se não nascer da água e do Espírito" (v. 5).

Neste momento, o vento sopra algumas folhas através da porta ainda aberta. Jesus pega uma do chão e a segura. O poder de Deus trabalha como aquele vento, explica ele. Os corações renascidos nascem do Céu. Ninguém pode desejar, merecer ou criar um. Renascimento? Inconcebível. Deus cuida da tarefa, do começo ao fim.

Nicodemos olha ao redor da sala para os seguidores. As expressões indicam que também estão desconcertados.

O velho Nico não tem um gancho onde equilibrar esses novos pensamentos. Ele fala e tenta se entender. Mas Jesus fala — na verdade apresenta — uma linguagem diferente. Não é o trabalho de homens e mulheres, mas de Deus.

Renascer. O nascimento, por definição, é um ato passivo. A criança dentro do útero não contribui em nada com o parto. A alegria pós-parto celebra o trabalho da mãe. Ninguém dá importância ao que a criança fez. ("Ótimo trabalho, pequenino.") Não, dê uma chupeta a ele, não uma medalha. A mãe merece o ouro. Ela é que faz o esforço. Ela empurra, agoniza e dá à luz.

Quando minha sobrinha deu à luz a seu primeiro filho, convidou o irmão e a mãe para a sala de parto. Depois de presenciar três horas de empurrões, quando o bebê finalmente nasceu, meu sobrinho virou para a mãe e falou: "Desculpe por todas as vezes em que briguei com você."

A mãe paga o preço do nascimento. Não pede ajuda ao filho nem solicita conselho. Por que deveria? O bebê não consegue nem respirar sem o cordão umbilical, muito menos encontrar o caminho para a nova vida. Tampouco nós conseguimos, afirma Jesus. O renascimento espiritual exige um pai capaz, não uma criança.

Quem é esse pai? Veja a palavra estrategicamente selecionada: nascer *de novo*. A língua grega oferece duas escolhas para *de novo*:[2]

1. *Palin*, que signifca uma repetição de um ato, para refazer algo.[3]
2. *Anothen*, que descreve uma ação repetida, mas exige a fonte original para repeti-la. Significa "de cima, de um lugar mais alto, as coisas que vêm do Céu ou de Deus".[4] Em outras palavras, aquele que fez o trabalho pela primeira vez fará de novo. Essa é a palavra que Jesus escolheu.

A diferença entre os dois termos é a diferença entre uma pintura de Da Vinci e uma de minha autoria. Suponha que nós estamos parados no Louvre, admirando a famosa *Mona Lisa.* Inspirados pela obra, eu pego um pincel, arrumo umas tintas e declaro: "Vou repintar esse lindo retrato."

E faço! Bem ali na Salle des États, movo meu pincel, misturo minhas tintas e recrio a *Mona Lisa.* Certo, Lucado não é nenhum Leonardo. A Sra. Lisa tem um desequilíbrio ao estilo de Picasso: um nariz torcido e um olho mais alto que o outro. Tecnicamente, no entanto, mantenho minha promessa e repinto a *Mona Lisa.*

Jesus estava falando de outra coisa. Ele usa o segundo termo grego, que remete à ação da fonte original. Ele usa a palavra *anothen*, que na galeria de Paris exigiria a presença de Da Vinci. *Anothen* exclui:

Réplicas posteriores.

Tentativas de segunda geração.

Imitações bem intencionadas.

Deve ser refeito o que se fez. O criador original recria a criação. Esse é o ato que Jesus descreve.

Nascer: Deus exerce o esforço.
De novo: Deus restaura a beleza.

Nós não tentamos de novo. Precisamos, não do músculo do eu, mas de um milagre de Deus.

O pensamento abate Nicodemos. Ele se espanta:

— Como pode ser isso? (v. 9).

Jesus responde, levando-o para o diamante de Esperança da Bíblia.

Porque Deus
tanto amou o mundo
que deu o seu Filho Unigênito,

para que todo o que nele crer
não pereça, mas tenha
a vida eterna.

Apenas 26 palavras que dão muita esperança: começando com Deus, terminando com vida e nos estimulando a fazer o mesmo. Curto o suficiente para escrever num guardanapo ou memorizar em pouco tempo, mas sólido o suficiente para gerar dois mil anos de tempestades e questionamentos. Se você não conhece nada da Bíblia, comece por aqui. Se conhece tudo, volte aqui. Todos precisamos desse lembrete. O âmago do problema da humanidade é o âmago do ser humano. E o tratamento de Deus é prescrito em João 3:16.

Ele ama.

Ele deu.

Nós acreditamos.

Nós vivemos.

Essas palavras são para as Escrituras o que o Rio Mississippi é para os Estados Unidos — uma porta de entrada para o continente. Acredite ou não nelas, abrace-as ou rejeite-as, qualquer consideração séria de Cristo deve incluí-las. Um historiador britânico ignoraria a Magna Carta? Egiptologistas ignorariam a pedra de Rosetta? Você poderia considerar as palavras de Cristo e não se banhar em João 3:16?

O versículo é um alfabeto de graça, um sumário da esperança cristã, cada palavra um cofre de joias. Leia novamente, devagar e em voz alta, notando a palavra que chama sua atenção. "Porque Deus tanto amou o mundo que deu o seu Filho Unigênito, para que todo o que nele crer não pereça, mas tenha a vida eterna."

"Deus *amou* tanto o mundo..." Esperávamos um Deus tão cheio de ódio. Um que pune o mundo, recicla o mundo, abandona o mundo... mas ama o mundo?

O *mundo*? Este mundo? Destruidores de coração, de esperança e sufocadores de sonhos abundam por aqui. Ditadores raivosos.

Abusadores. Reverendos que acham que merecem o título. Mas Deus ama. E ele ama tanto o mundo que deu:

Declarações?

Regras?

Ditados?

Éditos?

Não. A afirmação mais importante de João 3:16, de deixar qualquer um tonto, é esta: *Deus entregou seu filho... seu único filho.* Nenhuma ideia abstrata, mas uma divindade envolta em carne. As Escrituras igualam Jesus a Deus. Este, então, se entregou. Por quê? Para que "*todo* que acredita nele não pereça".

John Newton, que mostrou sua fé na música "Amazing Grace", amava esse pronome que destruía barreiras. Ele falava: "Se leio 'Deus amou tanto o mundo que entregou seu único Filho, para que quando John Newton pudesse crer e ganhar a vida eterna', eu poderia dizer, talvez, que há outro John Newton, mas 'todo' significa esse John Newton e o outro John Newton e todo o resto, independentemente do nome que tenham."[5]

Todo... uma palavra universal.

E *perecer*... uma palavra formal. Gostaríamos de diluir, se não apagar, o termo. Não Jesus. Ele coloca placas de "Entrada Proibida" em toda a porta de Satã e avisa aos que querem entrar que só conseguirão por cima do cadáver dele. Mesmo assim, algumas almas insistem.

No final, alguns perecem e alguns vivem. E o que determina a diferença? Não são obras ou talentos, *pedigrees* ou posses. Nicodemos abundava nessas coisas. A diferença é determinada por nossa crença. "Aquele que *acredita* nele não deve perecer, mas terá a vida eterna."

Os tradutores da Bíblia nas ilhas Nova Hébridas lutaram para encontrar um verbo apropriado para *acreditar.* Foi um problema sério, já que a palavra e o conceito são essenciais para as Escrituras.

Um tradutor da Bíblia, John G. Paton, acidentalmente chegou a uma solução enquanto caçava com os indígenas. Os dois homens mataram um grande cervo e o carregaram amarrado a um mastro por uma montanha até a casa de Paton. Quando chegaram à varanda, os dois homens deixaram a carga e desabaram nas cadeiras que estavam na varanda. Quando fizeram isso, o nativo exclamou na língua de seu povo:

— Nossa, é bom se esticar aqui e descansar.

Paton imediatamente pegou papel e caneta para anotar a frase.

Como resultado, sua tradução final de João 3:16 poderia ser assim: "Porque Deus amou tanto o mundo, que entregou seu único Filho, para que todo que se esticar e descansar Nele não pereça, mas tenha a vida eterna."[6]

Esticar-se em Cristo e descansar.

Martinho Lutero fez isso. Quando o grande reformador estava morrendo, severas dores de cabeça o deixaram de cama. Ofereceram remédios para aliviar o desconforto. Ele recusou e explicou:

— A melhor prescrição para a cabeça e o coração é que *Deus tanto amou o mundo, que deu o seu Filho Unigênito, para que todo o que nele crer não pereça, mas tenha a vida eterna.*[7]

A melhor prescrição para a cabeça e o coração. Quem não se beneficiaria de uma dose? Da forma como as coisas terminaram, Nicodemos levou sua parte. Quando Jesus foi crucificado, os teólogos vieram com José de Arimateia. Os dois prestaram suas homenagens e acompanharam o enterro de Jesus. Não foi um gesto pequeno, por causa do clima anticristo do dia. Quando se espalhou a notícia de que Jesus tinha saído da tumba e revivido, você não tem ideia de como Nicodemos sorriu e pensou na conversa daquela noite.

Renascer, hein? Quem imaginaria que ele começaria consigo mesmo?

Para refletir e discutir

1. "Nicodemos habita uma terra de bons esforços, gestos sinceros e trabalho duro. Dar a Deus o melhor de si é sua filosofia, e Deus fará o resto." A maioria das pessoas religiosas que você conhece concordariam com essa filosofia? O que você acha que ela tem de bom? O que está errado nela?
2. Leia João 3:16 devagar e cuidadosamente, como se fosse a primeira vez. Quais afirmações lhe pareceram tão maravilhosas quanto difíceis de se acreditar? Por quê?
3. "Aquele que *acreditar* nele não perecerá, mas terá a vida eterna." A crença em Cristo é fácil ou difícil para você? Por quê?
4. Quando você se aproxima à noite de Jesus, quais perguntas faz para ele? Que respostas você recebeu que lhe deram conforto e esperança?
5. Se você renasceu, como a sua vida mudou? Se não pediu para Jesus entrar na sua vida, pense nisso agora. Você pode fazer isso com essa simples oração:

   Pai, acredito que o Senhor ama esse mundo. Entregou seu único Filho para que eu pudesse viver para sempre com o Senhor. Longe do Senhor, eu morrerei. Com o Senhor, viverei. Escolho a vida. Escolho o Senhor.

Capítulo 18:

JAIRO

Então um homem chamado Jairo, dirigente da sinagoga, veio e prostrou-se aos pés de Jesus, implorando-lhe que fosse à sua casa porque sua única filha, de cerca de doze anos, estava à morte. Estando Jesus a caminho, a multidão o comprimia. E estava ali certa mulher que havia doze anos vinha sofrendo de hemorragia e gastara tudo o que tinha com os médicos; mas ninguém pudera curá-la. Ela chegou por trás dele, tocou na borda de seu manto, e imediatamente cessou sua hemorragia. "Quem tocou em mim?", perguntou Jesus. Como todos negassem, Pedro disse: "Mestre, a multidão se aglomera e te comprime." Mas Jesus disse: "Alguém tocou em mim; eu sei que de mim saiu poder." Então a mulher, vendo que não conseguiria passar despercebida, veio tremendo e prostrou-se aos seus pés. Na presença de todo o povo contou por que tinha tocado nele e como fora instantaneamente curada. Então ele lhe disse: "Filha, a sua fé a curou! Vá em paz." Enquanto Jesus ainda estava falando, chegou alguém da casa de Jairo, o dirigente da sinagoga, e disse: "Sua filha morreu. Não incomode mais o Mestre." Ouvindo isso, Jesus disse a Jairo: "Não tenha medo; tão-somente creia, e ela será curada." Quando chegou à casa de Jairo, não deixou ninguém entrar com ele, exceto Pedro, João, Tiago e o pai e a mãe da criança. Enquanto isso, todo o povo estava se lamentando e chorando por ela. "Não chorem", disse Jesus. "Ela não está morta, mas dorme." Todos começaram a rir dele, pois sabiam que ela estava morta. Mas ele a tomou pela mão e disse: "Menina, levante-se!" O espírito dela voltou, e ela se levantou imediatamente. Então Jesus lhes ordenou que lhe dessem de comer. Os pais dela ficaram maravilhados, mas ele lhes ordenou que não contassem a ninguém o que tinha acontecido.

LUCAS 8:41-56

Um lampejo da eternidade

Wallace era um homem importante, do tipo que poderia liderar uma oração em jogos de futebol ou presidir o Lion's Club. Tinha um título, camisas com colarinho e mãos macias, sem calos.

Tinha também um escritório bonito bem ao lado da igreja. Sua secretária era um pouco rabugenta, mas ele não. Tinha um sorriso macio que derretia a apreensão de quem entrava ali. Sentava-se em sua cadeira de couro de rodinhas, rodeado por muitos diplomas na parede. E ouvia de modo a estimular pessoas a contar segredos não revelados a mais ninguém.

Era um homem bom. Seu casamento não era tudo isso, mas era melhor que o da maioria. Sua igreja estava sempre cheia. Seu nome era respeitado. Era um bom jogador de golfe, e a igreja tinha comprado um título de sócio no clube de campo para comemorar seu vigésimo ano na congregação. As pessoas o reconheciam nas ruas e corriam para ouvi-lo na Páscoa e no Natal. Sua conta de aposentadoria estava crescendo e faltava menos de uma década para pendurar a batina e aproveitar os outonos com bons vinhos e livros.

Se ele cometeu algum pecado, ninguém sabia. Se sentia algum medo, ninguém conhecia — o que poderia ser seu pecado mais grave.

Wallace amava as pessoas. Naquela manhã, no entanto, não quer saber delas. Quer ficar sozinho. Chama a secretária e avisa que não vai receber nenhuma ligação pelo resto do dia. Ela não acha isso estranho.

Afinal, ficou no telefone a manhã inteira. Talvez agora precise de tempo para estudar. Está parcialmente correta. Ele ficou no telefone a manhã toda e realmente precisa de tempo. Não para estudar, no entanto. Tempo para chorar.

Wallace olha para a foto sobre o móvel de mogno atrás da mesa. Através dos olhos cheios de lágrimas, vê sua filha de doze anos. Braceletes. Tranças. Sardas. Ela é um reflexo da esposa — olhos azuis, cabelo castanho, nariz chato. A única coisa que tem do pai é seu coração. Era totalmente dela. E ele não tinha nenhuma intenção de pedir de volta.

Ele tem outros filhos, mas ela é a mais nova. E é a única menina. Ele construiu uma cerca de proteção ao redor de sua garotinha. Talvez por isso os últimos dias tenham sido tão ruins. A cerca caiu.

Começou há seis dias. Ela voltou para casa mais cedo da escola com febre e irritada. Sua esposa colocou-a na cama, pensando que era uma gripe. Durante a noite, a febre aumentou. Na manhã seguinte, eles correram para o hospital.

Os médicos ficaram sem respostas. Não conseguiam encontrar o problema. Só concordavam com uma coisa — ela estava doente e piorando.

Wallace nunca tinha se sentido tão impotente. Não sabia como lidar com essa dor. Estava tão acostumado a ser forte que não sabia como ser fraco. Garantia a todos que ligavam que sua filha estava bem. Garantia a todos que perguntavam, que Deus era muito bom. Garantia a todos menos a si mesmo.

Dentro de si, as emoções eram um rio poderoso. E seu dique estava começando a se romper. Foi a ligação do médico naquela manhã que acabou de destruí-lo:

— Ela entrou em coma.

Wallace desliga o telefone e pede à secretária para não passar outras ligações. Pega a foto e a segura em suas mãos. De repente, as palavras giram em sua cabeça como um carrossel.

— Não é justo, não é justo — murmura consigo mesmo.

Ele se abaixa, aproxima a foto de seu rosto e chora.

Nada está certo. Nada.

— Por que uma garota de doze anos? Por que ela, pelo amor de Deus?

Seu rosto se fecha quando olha pela janela em direção ao céu cinzento. Ele grita:

— Por que não comigo?

Senta-se. Caminha até a mesa de café perto do sofá e pega uma caixa de lenços que sempre está lá para a sessão de aconselhamento. E está assoando o nariz, quando olha pela janela para o pátio da igreja. Um velho está sentado lendo o jornal. Outro entra e se senta perto dele, jogando pedaços de pão aos pombos. Ouve-se um barulho de asas se debatendo quando os pombos descem do teto atrás da comida.

Vocês não sabem que minha filha está morrendo? Como podem agir como se nada estivesse acontecendo?

Ele lembra que, na primavera, ela costumava passar por ali todos os dias, quando saía da escola. Esperava por ele no pátio e caminhavam juntos para casa. Wallace a ouvia perseguindo os pombos lá embaixo e sabia que era hora de ir. Parava o que estava fazendo, olhava por essa mesma janela para ela. Via como a menina se equilibrava na borda do jardim. Ele a via pegar uma flor da grama. Via como girava até ficar tonta e cair no chão, de onde olhava as nuvens no céu.

— Oi, Princesa — exclamava. — Minha garotinha.

Largava seus livros e suas dores de cabeça na mesa, descendo para encontrá-la.

Mas não é primavera e sua filha não está no pátio. É inverno, sua garotinha está quase morta e dois velhos estão sentados num banco.

— Querida, querida Princesa.

De repente, um terceiro homem entra no pátio e chama os outros dois. Em seguida, os três saem correndo. *Deve ser uma briga*, Wallace pensa. Então, ele se lembra. *O mestre. Ele está aqui.*

Tinha quase esquecido. Jesus estava chegando hoje. Quando Wallace estava saindo de casa naquela manhã, seu vizinho tinha perguntado se ele iria ver o controverso mestre.

Tinha zombado da ideia sem demonstrá-lo. "Não, estou muito ocupado hoje", tinha respondido com um aceno, sabendo que, mesmo num dia com poucos compromissos, ele não teria tempo para ver um pregador itinerante. Especialmente esse.

Os jornais tinham dito que era um dissidente. Alguns até falavam que era louco. Mas as multidões o seguiam como se fosse um presente de Deus para a humanidade.

Eu vou. A resposta do vizinho ecoou na cabeça de Wallace.

— Sim — Wallace tinha falado para si mesmo —, você também assina a *National Enquirer.*

— Dizem que ele pode curar... —, lembra-se de ter ouvido seu vizinho falar.

Wallace levantou-se. Mas acabou relaxando. Não seja tonto.

— Os curandeiros são um insulto para nossa profissão —, tinha declarado no seminário que proferira no outono passado. — Parasitas do povo, charlatães da igreja, profetas do lucro.

Tinha visto esses caras na televisão, enormes em seus ternos, com sorrisos de manequim e rostos maquiados. Meneia a cabeça e volta para sua mesa. Pega a fotografia.

Olha para o rosto da criança que está a ponto de ser tirada dele. "Dizem que ele pode curar..."

Wallace começa a pesar as possibilidades. "Se vou e sou reconhecido, perderei o emprego. Mas se ela morre e ele poderia ter feito algo..." Um homem chega ao ponto em que seu desespero está acima de sua dignidade. Ele dá de ombros. "Que escolha tenho?"

Os eventos daquela tarde redirecionaram a vida de Wallace. Ele contava a história sempre que tinha uma chance.

Eu dei três voltas ao redor do terminal de ônibus antes de encontrar um lugar para estacionar. O vento frio açoitava minhas orelhas enquanto eu procurava uma moeda no bolso para colocar no parquímetro. Abotoei meu casaco até o alto, virei-me contra o vento e comecei a andar.

Passei por uma loja de brinquedos que mantinha a decoração de Natal. Alguém saiu de um bar quando passei pela porta. Um bando de adolescentes, com calças apertadas, estava parado ao lado de um muro de tijolos. Um deles jogou uma bituca de cigarro perto do meu pé. Três homens em jaquetas de couro e jeans esquentavam as mãos perto do fogo que tinham acendido dentro de um tambor de ferro. Um deles riu quando me viu passar: "Olha lá, um poodle de coleira." Não me virei. Se estava falando de mim, melhor não saber.

Sentia-me estranho. Há anos não vinha a essa parte da cidade. Olhei para meu próprio reflexo na vidraça da farmácia. Casaco de lã. Sapatos de costura inglesa. Terno cinza. Gravata vermelha. Não me admira que as pessoas ficassem olhando. A pergunta estava bem na cara: "O que o senhor colarinho branco está fazendo aqui?" A estação de ônibus estava lotada. Quase não consigo entrar.

Depois que passei a roleta, não tinha mais como voltar. As cabeças subiam e desciam como se estivessem flutuando sobre as ondas de um lago. Todo mundo estava tentando atravessar o corredor e chegar à saída. Eu consegui me apertar para chegar na frente. Estavam todos somente curiosos. Eu estava desesperado.

Quando cheguei à janela, eu o vi. Estava parado perto do ônibus. Tinha avançado somente uns passos por causa da muralha de pessoas.

Parecia normal demais. Usava uma jaqueta de veludo, do tipo com remendos nos cotovelos. Suas calças não eram novas, mas eram bonitas. Não usava gravata. Tinha algumas entradas na testa, mas o cabelo era comprido e cacheado. Não conseguia ouvir sua voz, mas podia ver seu rosto. Tinha as sobrancelhas grossas, um brilho nos olhos e um sorriso nos lábios — como se estivesse olhando alguém abrir o presente que ele acabara de entregar.

Era tão diferente do que eu tinha antecipado que precisei perguntar a uma senhora perto de mim se era ele mesmo.

— É ele —, ela sorriu. — É Jesus.

Ele se abaixou e desapareceu por um minuto; quando levantou estava segurando um bebê. Ele sorria. Com as mãos ao redor do peito do menino, levantou-o no alto e o manteve ali. As mãos eram fortes e finas. Alguém me contou que Jesus cresceu no Mississippi — o filho de um mecânico em Tupelo. Ele abaixou o menino e começou a andar em direção à porta.

Eu sabia que, se ele entrasse na estação de ônibus, nunca o alcançaria. Coloquei minhas mãos no vidro e comecei a forçar a passagem. As pessoas reclamaram, mas eu continuei.

Cheguei até a porta justo com Jesus. Nossos olhos se encontraram. Eu congelei. Acho que não tinha pensado no que falaria para ele. Talvez achava que ele iria me reconhecer. Talvez achasse que ele me perguntaria se havia algo que poderia fazer. "Minha filha está doente e achei que o senhor poderia orar..."

Não foi assim que aconteceu. As palavras ficaram presas na minha garganta. Eu senti meus olhos se encherem de lágrimas, meu queixo tremer e meus joelhos atingirem o chão irregular.

— É a minha filha, minha garotinha... Está muito doente. O senhor poderia tocá-la para que ela não morra?

Eu me arrependi das frases assim que terminei de proferi-las. Se ele fosse um homem, então teria pedido o impossível. Se fosse mais que um homem, que direito teria de fazer tal pedido?

Não ousei olhar para cima. Estava envergonhado. Se a multidão fosse para algum lado, teria de se desviar de mim. Não tinha coragem de reerguer o rosto.

Acho que ele percebeu. Por isso ergueu meu rosto. Senti seus dedos embaixo do meu queixo. Não precisou levantar muito, pois tinha se ajoelhado na minha frente. Olhei em seus olhos. O olhar desse jovem pregador abraçou este velho pastor com os braços de um velho amigo. Soube, então, que conhecia esse homem. Já tinha visto esse olhar. Conhecia esses olhos.

— Leve-me até ela. — Sua mão passou por baixo do meu braço. Ele me ajudou a levantar. — Onde está seu carro?

— Carro? Por aqui!

Agarrei sua mão e comecei a abrir caminho por entre a multidão. Não foi fácil. Com minha mão livre, empurrava as pessoas como se estivesse arrancando espigas de milho do milharal. Os rostos se amontoavam ao nosso redor. Jovens mães queriam que seus filhos fossem abençoados. Rostos velhos com bocas afundadas queriam o fim de suas dores.

De repente, sua mão se soltou. Parei e me virei, vi como ele estava parado e olhando. Sua parada abrupta surpreendeu a multidão. Todos quedaram-se em silêncio. Percebi que seu rosto estava pálido. Ele murmurou para si mesmo.

— Alguém me tocou.

— O quê? —, perguntou um dos homens que o seguiam.

— Alguém me tocou.

Pensei que estava brincando. Ele se virou, estudando vagarosamente cada rosto. Não conseguia saber se ele estava bravo ou deleitado. Estava procurando alguém que não conhecia, mas saberia quando encontrasse.

— Fui eu. — A voz estava ao meu lado. Jesus voltou-se. — Fui eu. Desculpe.

A multidão se abriu, deixando uma mulher no centro do palco. Era magra, quase delicada. Eu conseguiria envolver seu braço com minha mão. Sua pele era escura e seu cabelo tinha uma centena de tranças com contas em cada ponta. Estava sem casaco. Ela se abraçava — as mãos ossudas tremendo tanto de frio quanto de medo.

— "Não tenha medo", garantiu Jesus. — O que você tem?

— Tenho Aids.

Alguém atrás de mim respirou fundo. Vários se afastaram.

Jesus se aproximou.

— Conte-me mais.

Ela olhou para ele, olhou para as pessoas ao redor, engoliu em seco e começou.

— Não tenho dinheiro. Os médicos dizem que é uma questão de tempo. Não tinha nenhum lugar para ir. Mas agora...

Ela abaixou os olhos e começou a sorrir. Sorriu como se alguém tivesse acabado de contar-lhe boas notícias.

Olhei de volta para Jesus. Uau, ele também estava sorrindo! Os dois parados ali, olhando um para o outro e sorrindo como se fossem duas crianças que sabiam a resposta para a pergunta da professora.

Foi quando vi aquele olhar de novo. O mesmo olhar que ele dirigiu a mim, quando eu estava ajoelhado, agora dirigia a ela. Aqueles mesmos olhos que eu sabia que já tinha visto. Onde? Onde eu tinha visto esses olhos?

Eu me virei e olhei para a garota. Por um momento, ela olhou para mim. Eu queria dizer algo. Acho que ela sentia a mesma necessidade. Éramos tão diferentes, mas de repente tínhamos tudo em comum: que estranho casal formávamos. Ela com seu braço cheio de picadas e amantes noturnos; eu com minhas unhas limpas e meus sermões. Esforcei-me a vida inteira em minhas pregações para que as pessoas não fossem como aquela moça. Ela passou toda sua vida evitando hipócritas como eu. Mas agora estávamos juntos contra o inimigo da morte, com uma esperança desesperada de que esse pregador do interior conseguisse dar um nó na nossa corda desgastada para que continuássemos nos segurando.

Jesus declarou:

— Foi sua fé que fez isso. Agora vá e aproveite sua vida.

Ela não fez nenhuma força para esconder sua alegria. Sorriu, olhou de volta para Jesus e pulou para dar um beijo em seu rosto.

A multidão sorriu, Jesus ficou envergonhado e ela desapareceu.

Não tinha percebido, mas enquanto Jesus estava falando, alguns outros homens tinham conseguido abrir caminho pela multidão. Estavam parados atrás de mim. Quando ouvi suas vozes, imediatamente as reconheci. Eram da minha congregação.

Um colocou a mão sobre meu ombro.

— Não há mais necessidade de falar com esse mestre; sua filha morreu.

As palavras chegaram a mim como flechas, mas Jesus as interceptou:

— Não tenha medo; confie em mim.

Os momentos seguintes foram de atividade frenética. Atravessamos a multidão, pulamos no carro do homem que tinha me trazido a notícia e corremos para o hospital.

A sala de espera estava caótica. Membros da igreja, vizinhos e amigos já estavam reunidos. Muitos choravam abertamente. Minha esposa, sentada em uma das cadeiras, estava pálida e quieta. Seus olhos, vermelhos. Sua mão tremia quando ela limpava as lágrimas.

Quando entrei, as pessoas vieram me confortar. Jesus ficou na frente deles. Todos pararam e olharam para esse estranho.

— Por que estão chorando? —, perguntou. — Ela não está morta, mas apenas dormindo.

Eles ficaram espantados. Horrorizados.

— Que coisa mais insensível para se dizer —, alguém gritou. — Quem é você, afinal?

— Tirem esse palhaço daqui!

Mas ir embora era a última decisão que Jesus tinha em mente. Ele se virou e em poucos segundos estava parado em frente ao quarto da minha filha. Ele pediu que alguns o seguissem. Foi o que fizemos.

Os seis que entraram, pararam ao lado da cama da minha filha. O rosto dela estava pálido. Os lábios, secos e duros. Toquei sua mão. Estava fria. Antes que pudesse falar algo, as mãos de Jesus estavam sobre as minhas. Ele não tirou os olhos da minha filha. Mas, por um instante, olhou para mim. Olhou para mim com aquele mesmo olhar, aquele mesmo sorriso. Estava me entregando outro presente e não podia esperar para ver a resposta quando fosse aberto.

— Princesa —, as palavras foram ditas de forma calma, quase um suspiro —, levante-se!

Sua cabeça se virou um pouco como se estivesse ouvindo a voz. Jesus se afastou. A menina levantou o corpo até ficar sentada. Seus olhos se abriram. Ela se virou, colocou os pés no chão e ficou de pé.

Ninguém se mexeu enquanto minha esposa e eu víamos nossa filha caminhando em nossa direção. Nós a abraçamos por uma eternidade — meio duvidando que aquilo era real e meio não querendo saber se era. Mas era.

— Melhor dar-lhe algo de comer —, aconselhou Jesus com um sorriso. — Ela deve estar faminta. — E virou-se para ir embora.

Eu o alcancei e toquei seu ombro. Meus olhos mostravam sinceridade.

— Permita-me retornar o favor. Irei apresentá-lo às pessoas certas. Vou conseguir encontros nos locais certos.

— Vamos deixar isso entre nós, está bem? — E então, acompanhado de três amigos que não disseram uma palavra, ele saiu do quarto.

Durante semanas, fiquei pasmo. Ah, claro, estava muito feliz. Mas minha alegria era cheia de mistério. A todo lugar que ia, via seu rosto. Seu olhar me seguia. Até quando escrevo isso, consigo vê-lo.

A cabeça inclinada só um pouco. Um brilho doce de antecipação sob as sobrancelhas grossas. Esse olhar que sugeria: "Venha aqui. Tenho um segredo."

E agora sei onde tinha visto esse olhar. Na verdade, voltei a vê-lo — muitas vezes.

Vi nos olhos da paciente de câncer que visitei ontem. Careca pela quimioterapia. Olhos obscurecidos pela doença. Sua pele era macia e sua mão, ossuda. Ela me reconheceu quando acordou. Não me cumprimentou. Apenas levantou a sobrancelha e os olhos brilharam um pouco:

— Estou pronta, Wallace. Estou pronta para ir.

Vi na semana passada quando falei num funeral. O viúvo, um homem com rosto enrugado, cabelos brancos e óculos bifocais. Não chorava como os outros. Na verdade, em um momento acho que o vi sorrindo. Apertei sua mão, no final.

— Não se preocupe comigo —, ele exclamou. Então pediu para eu me aproximar, a fim de falar algo em minha orelha. — Eu sei onde ela está.

Mas foi nessa manhã que eu vi de forma mais clara. Há dias queria perguntar a ela, mas o momento certo nunca aparecia. Nessa manhã, apareceu. Na mesa do café, só nos dois, ela com seu prato de sucrilhos, eu com meu jornal, virei para minha filha e perguntei:

— Princesa?

— Ah?

— Como foi?

— O quê?

— Enquanto você estava morta. Como foi?

Ela não respondeu. Apenas virou a cabeça e olhou pela janela. Quando voltou, o brilho estava lá. Abriu a boca e fechou, depois abriu novamente.

— É segredo, pai. Um segredo muito bom, que não cabe em palavras.

Paz onde deveria haver dor. Confiança no meio da crise. Esperança desafiando o desespero. É isso que o olhar mostra. É um olhar que sabe a resposta para a pergunta que todo mortal faz: "A morte tem a última palavra?" Consigo ver Jesus piscando o olho quando dá a resposta. "Não na sua vida."[1]

Para refletir e discutir

1. "Wallace garantia a todos que perguntavam que Deus era bom. Garantia a todos menos a si mesmo." Por que você pensa que é difícil para pessoas "fortes" mostrarem fraqueza? De que forma isso pode ser considerado um problema?
2. Você já sentiu que Deus não é tão grande como você diz ser? Explique.
3. Você já chegou ao ponto de ficar tão desesperado quanto Wallace? O que aconteceu?
4. Quais são as circunstâncias que geralmente levam as pessoas a Jesus?
5. Você percebeu como Jesus respondeu ao pedido de ajuda de Jairo? Mesmo estando ocupado, ele não hesitou. Quão receptivo você é a pedidos de ajuda? Os seus amigos o veem como alguém carinhoso e compassivo — alguém a quem podem recorrer quando precisam? A quem sentem que podem ligar? Peça a opinião dessas pessoas e por quê.

Capítulo 19:

O JOVEM RICO

Eis que alguém se aproximou de Jesus e lhe perguntou: "Mestre, que farei de bom para ter a vida eterna?" Respondeu-lhe Jesus: "Por que você me pergunta sobre o que é bom? Há somente um que é bom. Se você quer entrar na vida, obedeça aos mandamentos." "Quais?", perguntou ele. Jesus respondeu: "'Não matarás, não adulterarás, não furtarás, não darás falso testemunho, honra teu pai e tua mãe' e 'Amarás o teu próximo como a ti mesmo'." Disse-lhe o jovem: "A tudo isso tenho obedecido. O que me falta ainda?" Jesus respondeu: "Se você quer ser perfeito, vá, venda os seus bens e dê o dinheiro aos pobres, e você terá um tesouro nos céus. Depois, venha e siga-me." Ouvindo isso, o jovem afastou-se triste, porque tinha muitas riquezas. Então Jesus disse aos discípulos: "Digo-lhes a verdade: Dificilmente um rico entrará no Reino dos céus. E lhes digo ainda: É mais fácil passar um camelo pelo fundo de uma agulha do que um rico entrar no Reino de Deus." Ao ouvirem isso, os discípulos ficaram perplexos e perguntaram: "Neste caso, quem pode ser salvo?" Jesus olhou para eles e respondeu: "Para o homem é impossível, mas para Deus todas as coisas são possíveis."

MATEUS 19:16-26

Tão rico e tão pobre

Poderíamos começar com Sarai rindo. Seu rosto cheio de rugas enterrado nas mãos magras. Seus ombros se sacudindo, os pulmões assobiando. Ela sabia que não deveria rir; não é certo rir do que fala Deus. Mas, enquanto recupera o fôlego e limpa as lágrimas, volta a pensar naquilo — e uma nova onda de risos toma conta dela.

Poderíamos começar com Pedro olhando. É um olhar assustado. Seus olhos estão do tamanho de uma uva. Ele está cego para os peixes empilhados em seus joelhos e para a água batendo na ponta do barco. Está surdo para os pedidos de que desça e ajude. Pedro está adormecido, absorvido em um pensamento — um pensamento muito estranho para ser dito em voz alta.

Poderíamos começar com Paulo descansando. Ele lutou por três dias; agora está descansando. Está sentado no chão, encostado na parede. Seu rosto está enrugado. Seu estômago, vazio. Seus lábios estão secos. Está com olheiras. Mas há um pequeno sorriso em seus lábios. Uma pequena corrente está se encontrando com uma poça estagnada e a água é doce.

Mas não vamos começar com nada disso. Vamos começar em outro lugar.

Vamos começar com o yuppie negociando no Novo Testamento.

Ele é rico. Sapatos italianos. Terno feito à mão. Seu dinheiro está bem investido. Seu cartão é dourado. Ele vive como voa — na primeira classe.

É jovem. Afasta-se da fadiga no ginásio e ataca velhos nos tribunais. Sua barriga é de tanquinho, seus olhos estão sempre atentos. A energia é sua marca registrada e a morte está muito distante.

Ele é poderoso. Se você não concorda, pergunte para ele. Tem alguma pergunta? Ele tem as respostas. Está com problemas? Ele tem a solução. Está preso a dilemas? Ele tem opiniões. Sabe para onde você está indo e estará lá amanhã. Ele é da nova geração. Assim, é melhor os velhos irem mais rápido ou saírem da frente.

Ele dominava os três "P" dos yuppies. Prosperidade. Posteridade. Poder. Ele é rico... jovem... governante.[1]

Até hoje, a vida para ele tinha sido um cruzeiro passeando por uma avenida de néon. Mas hoje ele tem uma pergunta. Uma preocupação casual ou um medo genuíno? Não sabemos. Só sabemos que ele está procurando algum conselho.

Para quem sempre esteve no comando, ligar para o filho de um carpinteiro em busca de ajuda deve ser estranho. Para um homem de seu *pedigree*, procurar conselho de um caipira não é o procedimento padrão. Mas essa tampouco é uma pergunta padrão.

— Mestre —, ele pergunta, — que coisas boas devo fazer para conseguir a vida eterna?

As palavras que usa traem sua incompreensão. Ele acha que pode conseguir a vida eterna como consegue todo o resto — através de sua força.

— O que devo fazer?

Quais são as exigências, Jesus? Qual é o ponto de equilíbrio? Não fique na conversa mole; vá direto ao ponto. Quanto preciso investir para ter certeza do retorno?

A resposta de Jesus tem a intenção de fazê-lo estremecer.

— Se quer ganhar a vida eterna, deve obedecer aos mandamentos.

Um homem com metade da consciência teria levantado as mãos nesse momento. "Obedecer aos mandamentos? Obedecer aos mandamentos! Sabe quantos mandamentos existem? Já leu a Lei ultimamente? Eu tentei — honestamente, tentei — mas não consigo."

Era isso que o governante deveria dizer, mas confissão é algo que não consta do seu vocabulário. Em vez de pedir ajuda, ele pega caneta e papel e pede uma lista.

— Quais? — Ele passa a ponta da caneta na língua e espera.

Jesus responde a suas expectativas:

— Não matar, não cometer adultério, não roubar, não dar falso testemunho, honrar a seus pais e amar a seu próximo como a si mesmo.

— Ótimo! —, pensa o yuppie quando termina de anotar. — Agora tenho uma prova. Vamos ver se conseguirei passar.

— Assassinato? Claro que não. Adultério? Bem, nada que um garoto de sangue quente não fizesse. Roubar? Um pouco de extorsão, mas tudo justificável. Falso testemunho? Hummmm... vamos pular esse. Honrar seus pais? Claro, eu os visito todos os feriados. Amar seu próximo como a si mesmo...? Ah, barbada. Fiz tudo isso. Na verdade, faço isso desde criança.

Ele sorri e enfia um dedão no cinto.

— Algum outro mandamento que queira me passar?

Não sei como Jesus evitou rir — ou chorar. A pergunta que tinha a intenção de mostrar ao governante como ele estava longe do ideal só fez com que ele se achasse mais importante ainda. É como uma criança pingando água que fala à mãe que não estava na chuva.

Jesus vai direto ao ponto:

— Se você quer ser perfeito, então vá vender suas posses e dê tudo aos pobres, assim terá tesouros no Céu.

A declaração deixa o jovem consternado e os discípulos desconcertados.

A pergunta deles poderia ser bem nossa:

— Quem, então, pode ser salvo?

A resposta de Jesus choca os ouvintes:

— Para o homem isso é impossível...

Impossível.

Ele não diz improvável. Ele não diz inverossímil. Ele nem diz que será difícil. Ele diz que é "impossível". Nenhuma chance. Nenhuma forma. Nenhuma lacuna. Nenhuma esperança. Impossível. É impossível atravessar o Pacífico nadando. É impossível ir até a lua no rabo de um cometa. Não dá para escalar o Monte Everest com uma cesta de piquenique e um bastão de caminhar. E, a menos que alguém faça algo, você não tem nenhuma chance de ir para o Céu.

Isso lhe dá calafrios? Durante toda sua vida, foi recompensado de acordo com seu desempenho. Consegue as notas de acordo com seu estudo. Ganha elogios de acordo com seu sucesso. Ganha dinheiro de acordo com seu trabalho.

É por isso que o governante jovem e rico achava que o Céu era somente mais uma forma de pagamento. Fazia todo o sentido. Você trabalha duro, paga suas dívidas e "zás" — sua conta está creditada. Jesus diz: "De forma nenhuma." O que você quer custa muito mais do que consegue pagar. Não precisa de um sistema, precisa de um Salvador. Não precisa de um currículo, precisa de um Redentor. Porque "o que é impossível para os homens é possível para Deus" (Lucas 18:27).

Não perca a mensagem principal desse versículo: você não pode salvar a si mesmo. Não por meio dos rituais corretos ou da doutrina correta. Não por meio da devoção correta ou da comida correta. A posição de Jesus é bem clara. É impossível para os seres humanos salvarem a si mesmos.

Veja, não foi o dinheiro que dificultou a vida do homem rico; foi sua autossuficiência. Não foram suas posses; foi sua pompa. Não foi a quantidade de grana, mas sua cabeça dura. "Como é difícil aos ricos entrar no Reino de Deus!" (Marcos 10:23). Não é somente o rico que tem dificuldades. Também os bem-educados, os fortes, os bonitos, os populares, os religiosos. E todo aquele que acha que sua piedade ou poder o qualificam como candidato ao reino.

E se você tem problemas para digerir as palavras de Jesus ao governante jovem e rico, então a descrição que ele faz do dia do julgamento final ficará presa em sua garganta.

É uma visão profética do dia final: "Muitos me dirão naquele dia: 'Senhor, Senhor, não profetizamos em teu nome? Em teu nome não expulsamos demônios e não realizamos muitos milagres?'" (Mateus 7:22).

Impressionante. Essas pessoas estão paradas frente ao trono de Deus falando sobre si mesmas. A grande trombeta soou e ainda estão falando pelos cotovelos. Em vez de cantar as glórias de Deus, falam sobre si mesmos. Em vez de adorar a Deus, leem seus currículos. Quando deveriam ficar em silêncio, falam. Sob a aura do Rei, ficam se vangloriando. O que é pior — a arrogância ou a cegueira?

Você não impressiona os funcionários da NASA com um avião de papel. Não fica falando dos seus desenhos na presença de Picasso. Não se acha igual a Einstein porque consegue escrever "H_2O".

E não fica se gabando da sua bondade na presença do Perfeito.

"Então eu lhes direi claramente: Nunca os conheci. Afastem-se de mim vocês, que praticam o mal!" (Mateus 7:23).

Guarde isso. Deus não nos salva por causa do que fizemos. Somente um deus lamentável poderia ser comprado com dízimo. Somente um deus temperamental ficaria impressionado com nossa dor ou satisfeito com sacrifícios. Somente um deus sem coração venderia a salvação para quem oferecesse mais.

E somente um grande Deus faz por seus filhos o que eles não fazem por si mesmos.

Essa é a mensagem de Paulo: "Porque, aquilo que a Lei fora incapaz de fazer... Deus o fez" (Romanos 8:3).

E essa é a mensagem da primeira beatitude do Sermão da Montanha de Cristo. "Abençoados sejam os pobres de espírito, porque deles é o reino dos Céus."

A joia da alegria é dada aos espíritos empobrecidos, não aos ricos.[2] O deleite de Deus é recebido com entrega, não ganho pela conquista. O primeiro passo para a alegria é um pedido de ajuda, um reconhecimento da destituição moral, uma admissão da penúria interior. Aqueles que sentem a presença de Deus declararam a bancarrota espiritual e estão conscientes da crise espiritual. Seus armários estão vazios. Seus bolsos estão furados. Suas opções desapareceram. Eles já pararam há muito tempo de exigir justiça; agora estão pedindo misericórdia.[3]

Eles não ficam se gabando; eles pedem.

Pedem a Deus para fazer por eles o que não podem fazer sem ele. Já viram como é Deus e como são pecadores, por isso concordaram com a declaração de Jesus: "A salvação é impossível."

Oh, a ironia do deleite de Deus — nascido no solo seco da destituição em vez de no chão fértil da conquista.

É um caminho diferente, um caminho que não estamos acostumados a tomar. Não é comum declararmos nossa impotência. A admissão do fracasso não costuma ser algo prazeroso. A confissão completa não é comumente seguida do perdão total. Mas, novamente, Deus nunca foi dirigido pelo que é comum.

Para refletir e discutir

1. Como este capítulo interpreta ser “pobre de espírito”? Como isso se compara a qualquer ideia anterior que você tinha sobre o que significa beatitude?
2. Leia Lucas 6:20,24. A versão de Lucas dessa beatitude omite a ideia de “no espírito”; ele simplesmente afirma que “o rico” tem sua recompensa aqui e, portanto, não pode esperar uma recompensa no Céu.
3. Agora leia Mateus 19:23,24. Jesus afirma ao governante jovem e rico que “Dificilmente um rico entrará no Reino dos céus”. Você acha que a primeira beatitude se aplica especialmente àqueles que são pobres de posses materiais? Se não for assim, por que Mateus faz esse comentário específico sobre a riqueza material?
4. Na sua opinião, quais os motivos por trás da autojustificativa e das muitas conquistas do governante jovem e rico? Qual é a diferença entre tentar conseguir a salvação e tentar agradar a Deus? Entre ser pobre de espírito e ser um pobre auxiliar dos dons que Deus lhe deu?
5. “Aqueles que sentem a presença de Deus declararam a bancarrota espiritual e estão conscientes de sua crise espiritual.” Você já se declarou em bancarrota espiritual? Se positivo, pediu a Deus para fazer o que você não consegue fazer sem ele? Se não, este não seria um bom momento?

Capítulo 20:

SARA, PEDRO E PAULO

Então disse o SENHOR: "Voltarei a você na primavera, e Sara, sua mulher, terá um filho." Sara escutava à entrada da tenda, atrás dele. Abraão e Sara já eram velhos, de idade bem avançada, e Sara já tinha passado da idade de ter filhos. Por isso riu consigo mesma, quando pensou: "Depois de já estar velha e meu senhor já idoso, ainda terei esse prazer?"

GÊNESIS, 18:10-12

Tendo acabado de falar, disse a Simão: "Vá para onde as águas são mais fundas", e a todos: "Lancem as redes para a pesca." Simão respondeu: "Mestre, esforçamo-nos a noite inteira e não pegamos nada. Mas, porque és tu quem está dizendo isto, vou lançar as redes." Quando o fizeram, pegaram tal quantidade de peixes que as redes começaram a rasgar-se. Então fizeram sinais a seus companheiros no outro barco, para que viessem ajudá-los; e eles vieram e encheram ambos os barcos, ao ponto de começarem a afundar.

LUCAS 5:4-7 NVI

Enquanto isso, Saulo ainda respirava ameaças de morte contra os discípulos do Senhor. Dirigindo-se ao sumo sacerdote, pediu-lhe cartas para as sinagogas de Damasco, de maneira que, caso encontrasse ali homens ou mulheres que pertencessem ao Caminho, pudesse levá-los presos para Jerusalém. Em sua viagem, quando se aproximava de Damasco, de repente brilhou ao seu redor uma luz vinda do céu. Ele caiu por terra e ouviu uma voz que lhe dizia: "Saulo, Saulo, por que você me persegue?" Saulo perguntou: "Quem és tu, Senhor?" Ele respondeu: "Eu sou Jesus, a quem você persegue. Levante-se, entre na cidade; alguém lhe dirá o que você deve fazer."

ATOS 9:1-6 NVI

O reino do absurdo

O REINO DOS CÉUS. Seus cidadãos estão embriagados com tantas maravilhas.

Considere o caso de Sarai.[1] Ela já está em idade avançada, mas Deus lhe prometeu um filho. Fica animada. Visita a loja da maternidade e compra alguns vestidos. Planeja seu chá de bebê e reforma sua tenda... mas nenhum filho. Come alguns bolos de aniversário e assopra várias velas... e nada de filhos. Passa por uma década de calendários... e nada de filhos.

Então Sarai decide tomar as coisas em suas próprias mãos. ("Pode ser que Deus precise.")

Ela convence Abrão que o tempo está se acabando. ("Veja, Abi, você não está ficando mais jovem.") Ela manda a empregada, Hagar, à tenda de Abrão para ver se ele precisa de qualquer coisa. (Qualquer coisa mesmo!) Hagar entra como empregada. Sai como mãe. E os problemas começam.

Hagar fica altiva. Sarai é tomada de ciúmes. Abrão se vê confuso com o dilema. E Deus chama o menino de "asno selvagem" — um nome apropriado para quem nasce da cabeça dura e está destinado a entrar de sola na história.

Não é o conforto familiar que Sarai esperava. E não é assunto para a hora do jantar.

Finalmente, catorze anos depois, quando Abrão está beirando os cem e Sarai, noventa... quando Abrão parou de ouvir o conselho de Sarai e Sarai parou de aconselhá-lo... quando o papel de parede no quarto do bebê estava rasgado e os móveis infantis estavam muito fora de moda... quando o tópico da criança prometida só levava a suspiros, lágrimas e longos olhares para o céu silencioso... Deus os visita e anuncia que era melhor escolher um nome para o novo filho.

Abrão e Sarai respondem de forma igual: riso. Eles riem em parte porque é muito bom para ser verdade e parcialmente porque poderia ser verdade. Eles riem porque tinham perdido as esperanças e esta, quando renasce, é sempre engraçada antes de ser real.

Eles riem da loucura de tudo aquilo.

Abrão olha para Sarai — sem dentes e roncando em sua cadeira de balanço, a cabeça para trás e a boca bem aberta, parecendo uma uva passa de tão enrugada. E ele solta uma gargalhada. Ele tenta se conter, mas não consegue. Sempre gostou de uma boa piada.

Sarai também está impressionada. Quando ouve a notícia, uma risada escapa antes que pudesse evitar. Murmura algo sobre seu marido precisar de muito mais do que possui e ri novamente.

Eles riem porque isso é o que se faz quando alguém afirma que consegue fazer o impossível. Eles riem um pouco *de* Deus e muito *com* Deus — porque Deus também está rindo. Então, com o sorriso ainda no rosto, ele se ocupa de realizar o que faz melhor: o inacreditável.

Ele muda umas poucas coisas, começando com seus nomes. Abrão, o pai de um, agora será Abraão, pai de uma multidão. Sarai, a estéril, será agora Sara, a mãe.

Mas seus nomes não são as únicas coisas que Deus muda. Ele muda suas cabeças. Muda a fé deles. Muda o número da devolução do imposto de renda. Muda a forma como definem a palavra *impossível.*

Mas, acima de tudo, ele muda a atitude de Sara sobre a confiança em Deus. Se ela ouvisse a declaração de Jesus sobre ser pobre de espírito, poderia dar seu testemunho: "Ele está certo. Se faço coisas do meu jeito, ganho uma dor de cabeça. Se deixo Deus tomar conta, ganho um filho. Vai entender... Tudo o que sei é que sou a primeira mulher na cidade a pagar um pediatra com o dinheiro da aposentadoria."

Dois mil anos depois, aqui está outro testemunho:[2]

"A última coisa que queria fazer era pescar. Mas isso foi exatamente o que Jesus queria fazer. Eu tinha pescado a noite toda. Meus braços doíam. Meus olhos queimavam. Minha nuca estava dolorida. Tudo que queria era ir para casa e pedir para minha esposa massagear as minhas costas."

"Fora uma longa noite. Não sei quantas vezes jogamos a rede no meio da escuridão e ouvimos quando caía no mar. Não sei quantas vezes seguramos a corda enquanto a rede afundava na água. Toda noite esperávamos por aquele ruído, aquele puxão, aquele movimento que mostrava que havia peixe na rede... mas não aconteceu nenhuma vez. Quando raiou o dia, eu só queria ir para casa."

"Quando estava a ponto de deixar a praia, percebi uma multidão que vinha em minha direção, seguindo um rapaz magricela que caminhava com passos largos. Ele me viu e chamou meu nome. 'Dia, Jesus!', respondi. Apesar de estar a centenas de metros, consegui ver seu branco sorriso. 'Quanta gente, hein?', ele gritou, apontando a massa atrás dele. Concordei e me sentei para olhar."

"Ele parou perto da água e começou a falar. Embora não ouvisse muito, conseguia ver bastante. Podia ver que cada vez chegavam mais pessoas. Com todo o aperto, é incrível que Jesus não tenha sido empurrado para a água. Ele já estava com água pelos joelhos, quando olhou para mim."

"Não precisei pensar duas vezes. Ele subiu em meu barco e, junto com João, o segui. Nós nos afastamos um pouco. Eu me encostei na proa e Jesus começou a ensinar."

"Parecia que metade de Israel estava na praia. Os homens tinham parado de trabalhar, as mulheres, seus afazeres domésticos. Eu até reconheci alguns sacerdotes. Como todos eles ouviam! Eles quase não se mexiam, mas seus olhos dançavam como se estivesse, de alguma forma, vendo o que poderiam ser."

"Quando Jesus terminou, ele se virou para mim. Fiquei de pé e comecei a puxar a âncora quando ele falou: 'Vamos para o fundo, Pedro. Vamos pescar.'"

"Eu gemi. Olhei para João. Estávamos pensando a mesma coisa. Enquanto quisesse usar o barco como plataforma, tudo bem. Mas usá-lo como barco de pesca — esse era o nosso território. Eu ia dizer a esse carpinteiro-mestre: 'Você fica com a pregação e eu com a pesca.' Mas fui mais polido: 'Trabalhamos a noite toda. Não pescamos nada.'"

"Ele apenas me olhou. Olhei para João que estava esperando um sinal..."

"Gostaria de dizer que fiz aquilo por amor. Gostaria de poder dizer que fiz por devoção. Mas não posso. Tudo que posso dizer é que há um momento para questionar e outro para ouvir. Assim, com um grunhido e uma oração, nós partimos."

"A cada batida do remo, eu murmurava. A cada remada, eu resmungava: 'De jeito nenhum. De jeito nenhum. Impossível. Posso não saber muito, mas sei pescar. E vamos acabar voltando com redes molhadas.'"

"O barulho na praia ficava cada vez mais distante e logo o único som era das ondas contra o casco. Finalmente, paramos e jogamos a âncora. Eu peguei a rede pesada, levantei-a o mais que pude e comecei a jogá-la. Foi quando vi Jesus pelo canto do meu olho. Sua expressão fez com que eu parasse no meio do movimento."

"Ele estava debruçado no canto do barco, olhando para a água onde eu iria jogar a rede. E, imagine, ele estava sorrindo. Um sorriso de criança deixava suas bochechas vermelhas e os olhos como meias-luas — o tipo de sorriso que vemos quando uma criança dá um presente a um amigo e fica olhando enquanto o outro desembrulha."

"Ele percebeu que eu estava olhando para ele e tentou esconder o sorriso, mas ele persistia. Foi abrindo a boca, até aparecer os dentes. Ele havia me dado um presente e não podia se conter enquanto eu o abria."

"'Nossa, ele vai se desapontar', pensei enquanto jogava a rede. Ela voou longe, espalhando-se pelo céu azul e flutuando até cair na água, depois afundou. Eu enrolei a corda ao redor da mão e me sentei, esperando."

"Mas não foi preciso. A corda se esticou e quase me puxou para fora. Eu coloquei meu pé contra a amurada e gritei para que me ajudassem. João e Jesus correram para perto de mim."

"Tiramos a rede pouco antes de começar a rasgar. Nunca tinha visto tanto peixe. Era como jogar um saco de pedra no barco. A água começou a entrar. João gritou para que outro barco nos ajudasse."

"Foi uma cena e tanto: quatro pescadores em dois barcos, com peixes até os joelhos e um carpinteiro sentado em nossa proa, divertindo-se com o pandemônio."

"Foi quando percebi quem era ele. E foi quando percebi quem eu era: aquele que havia dito a Deus o que ele não podia fazer!"

"'Afaste-se de mim, Senhor; sou um pecador.' Não podia dizer outra coisa."

"Não sei o que ele viu em mim, mas não foi embora. Pode ser que ele achava que, se eu permitisse que ele me ensinasse a pescar, deixaria que ele me ensinasse a viver."

"Foi uma cena que eu veria muitas vezes nos anos seguintes — em cemitérios com os mortos, em montanhas com os famintos, em tempestades com os amedrontados, em estradas com os doentes. Os personagens mudam, mas o tema é o mesmo. Quando dizemos 'Impossível', ele responde 'Possível'. Então, aqueles que duvidavam tentavam conseguir uma bênção. E o Senhor saboreava a surpresa."

"Minha graça é suficiente para você, pois o meu poder se aperfeiçoa na fraqueza" (2 Corintios, 12:9).

Deus proferiu essas palavras. Paulo as escreveu. Deus declarou que estava procurando vasos vazios mais do que músculos fortes. Paulo o provou.

Antes de termos encontrado Cristo, Paulo tinha sido um tipo de herói entre os fariseus. Era como o xerife deles, mantinha a lei e a ordem — ou, melhor dizendo, reverenciava a Lei e dava as ordens. As boas mães judias o apontavam como exemplo de um bom garoto judeu. Tinha o assento de honra no almoço de quarta do Lions' Club de Jerusalém. Tinha um peso de papel de "Quem é quem no Judaísmo" em sua mesa e fora escolhido "O Estudante com mais Chances de ter Sucesso" ao se formar. Rapidamente se estabeleceu como o herdeiro de seu mestre, Gamaliel.

Se existe algo como uma fortuna religiosa, era o que Paulo tinha. Um bilionário espiritual, nascido com um pé no Céu, e sabia disso:

> Se alguém pensa que tem razões para confiar na carne, eu ainda mais: circuncidado no oitavo dia de vida, pertencente ao povo de Israel, à tribo de Benjamim, verdadeiro hebreu; quanto à Lei, fariseu; quanto ao zelo, perseguidor da igreja; quanto à justiça que há na Lei, irrepreensível.
>
> FILIPENSES 3:4-6

Com sangue azul e desesperado, esse jovem zelote estava empenhado em manter o reino puro — e isso significava expulsar os cristãos. Ele marchou pelo campo como um general exigindo que os judeus saudassem a bandeira da pátria ou beijassem suas famílias, dando adeus a suas esperanças.

Tudo isso acabou, no entanto, no acostamento de uma autoestrada. Equipado com intimações, algemas e seu grupo, Paulo estava a caminho de uma evangelização em Damasco. Foi quando alguém apagou as luzes do estádio e ele ouviu a voz.

Quando descobriu de quem era, seu queixo caiu, junto com seu corpo. Ele cruzou os braços, esperando o pior. Sabia que tudo tinha terminado. Sentiu a corda em volta do pescoço. Sentiu as flores no caixão. Orou para que a morte fosse rápida e indolor.

Mas tudo que sentiu foi o silêncio e a primeira de uma vida de surpresas.

Terminou espantado e desconcertado no quarto de outras pessoas. Deus o deixou ali por alguns dias com olhos tão pesados que só conseguia olhar para si mesmo. E ele não gostou do que viu.

Viu quem era de verdade — para usar suas próprias palavras, o pior dos pecadores (1 Timóteo 1:15). Um legalista. Um estraga-prazeres. Um pretensioso que afirmava dominar a lei de Deus. Alguém que distribuía justiça e que pesava a salvação numa balança.

Foi quando Ananias o encontrou. Ele estava num estado miserável — extenuado e grogue depois de três dias de sofrimento. Sara também estava assim, do mesmo jeito que Pedro. Mas o que os três têm em comum é mais eloquente que um volume de teologia. Porque, quando desistiram, Deus tomou conta, e o resultado foi uma montanha-russa direta para o reino.

Paulo estava um passo à frente do governante jovem e rico. Ele sabia que não é possível fazer um acordo com Deus. Não inventou desculpas; apenas pediu misericórdia. Sozinho no quarto com seus pecados em sua consciência e sangue nas mãos, ele pediu para ser perdoado.

Vale a pena ler as instruções de Ananias a Paulo: "E agora, que está esperando? Levante-se, seja batizado e lave os seus pecados, invocando o nome dele" (Atos 22:16).

Ele não precisou falar duas vezes. O legalista Saulo foi enterrado e o liberador Paulo nascia. Nunca mais foi o mesmo depois disso. E nem o mundo.

Sermões estimulantes, discípulos dedicados e dez mil quilômetros de viagens. Se suas sandálias não estavam caminhando, sua caneta estava escrevendo. Se não estava explicando o mistério da graça, estava articulando a teologia que iria determinar o curso da civilização ocidental.

Todas as suas palavras poderiam ser reduzidas a uma sentença. "Nós, porém, pregamos a Cristo crucificado" (1 Coríntios 1:23). Não que lhe faltassem outros temas para seus sermões; o problema era que ele não conseguia falar tudo sobre o primeiro.

O absurdo da coisa toda o estimulou a seguir em frente. Jesus deveria ter acabado com ele na estrada. Deveria tê-lo deixado para as águias. Deveria tê-lo enviado para o inferno. Mas não. Ele o deixou perdido.

O próprio Paulo chamou isso de loucura. Usou expressões como "um obstáculo" e "loucura", mas decidiu, no final, chamar de "dom" (1 Coríntios 1:23; Efésios 2:8). E defendeu sua lealdade infindável: "Pois o amor de Cristo nos constrange" (2 Coríntios 5:14).

Paulo nunca fez um curso durante suas missões. Nunca se sentou em uma reunião de comitê. Nunca leu um livro sobre crescimento da igreja. Foi apenas inspirado pelo Espírito Santo e ficara tonto pelo amor que torna o impossível possível: a salvação.

A mensagem é apaixonante: mostre a um homem suas falhas sem Jesus e o resultado será encontrado no acostamento de uma estrada. Dê a um homem religião sem lembrá-lo de sua sujeira e o resultado será a arrogância dentro de um terno caro. Mas coloque as duas coisas no mesmo coração — faça o pecado encontrar o Salvador e o Salvador encontrar o pecado — e o resultado pode ser outro fariseu tornando-se pregador e espalhando o fogo pelo mundo.

Quatro pessoas: o governante jovem e rico, Sara, Pedro, Paulo. Uma curiosa linha une a todos: seus nomes.

Os três últimos mudaram de nome: Sarai para Sara, Simão para Pedro, Saulo para Paulo. Mas o primeiro, o jovem yuppie, nunca é mencionado pelo nome.

Talvez essa seja a mais clara explicação da primeira beatitude. Aquele que fez um nome para si não tem nome. Mas aqueles que chamaram o nome de Jesus — e somente o dele — ganharam novos nomes e, mais ainda, uma nova vida.

Para refletir e discutir

1. Por que ser pobre de espírito como descrito nesses dois últimos capítulos é tão difícil para a maioria de nós? Por que temos tanta dificuldade em admitir nossa própria incapacidade e fracassos, mesmo para Deus e para nós mesmos?
2. Liste o que você considera seus cinco pontos mais fortes e os cinco pontos mais fracos. Ser pobre de espírito significa negar seus pontos fortes ou não tentar melhorar suas fraquezas? Isso significa estar "com baixa autoestima"? Por que sim ou por que não?
3. Leia as seguintes parábolas descrevendo o "reino dos Céus": Mateus 13:24-33, 44-50. Que outras ideias essas parábolas dão sobre a natureza do "reino" no qual os pobres de espírito irão viver?
4. Leia Mateus 16:13-20, que conta as circunstâncias sob as quais o nome de Pedro foi mudado e ele ganhou as "chaves para o reino dos Céus". Quais elementos dessa história mostram que Pedro era pobre de espírito? O que essa passagem fala sobre a natureza do reino?
5. Quando Sara, Pedro e Paulo dizem "Impossível", Deus diz: "Possível." Isso já aconteceu com você? Se sim, explique.

Capítulo 21:

LÁZARO

Havia um homem chamado Lázaro. Ele era de Betânia, do povoado de Maria e de sua irmã Marta. E aconteceu que Lázaro ficou doente. Maria, sua irmã, era a mesma que derramara perfume sobre o Senhor e lhe enxugara os pés com os cabelos. Então as irmãs de Lázaro mandaram dizer a Jesus: "Senhor, aquele a quem amas está doente."

Ao chegar, Jesus verificou que Lázaro já estava no sepulcro havia quatro dias. Betânia distava cerca de três quilômetros de Jerusalém, e muitos judeus tinham ido visitar Marta e Maria para confortá-las pela perda do irmão.

Disse Marta a Jesus: "Senhor, se estivesses aqui, meu irmão não teria morrido. Mas sei que, mesmo agora, Deus te dará tudo o que pedires." Disse-lhe Jesus: "O seu irmão vai ressuscitar."

Ao ver chorando Maria e os judeus que a acompanhavam, Jesus agitou-se no espírito e perturbou-se. "Onde o colocaram?", perguntou ele. "Vem e vê, Senhor", responderam eles. Jesus chorou.

Jesus, outra vez profundamente comovido, foi até o sepulcro. Era uma gruta com uma pedra colocada à entrada. "Tirem a pedra", disse ele. Disse Marta, irmã do morto: "Senhor, ele já cheira mal, pois já faz quatro dias." Disse-lhe Jesus: "Não lhe falei que, se você cresse, veria a glória de Deus?" Então tiraram a pedra. Jesus olhou para cima e disse: "Pai, eu te agradeço porque me ouviste. Eu sei que sempre me ouves, mas disse isso por causa do povo que está aqui, para que creia que tu me enviaste." Depois de dizer isso, Jesus bradou em alta voz: "Lázaro, venha para fora!" O morto saiu, com as mãos e os pés envolvidos em faixas de linho e o rosto envolto num pano. Disse-lhes Jesus: "Tirem as faixas dele e deixem-no ir."

João 11:1-3, 17-19, 21-23, 33-35, 38-44

A última testemunha

João não nos conta tudo que Jesus fez. Mas fala daqueles atos que nos levarão à fé. Seleciona sete milagres, começando devagar com o silencioso milagre da transformação da água em vinho e depois, em um crescendo, chega até a ressurreição de Lázaro. Sete milagres são oferecidos e sete testemunhos são examinados, cada um melhorando o testemunho anterior.

Vejamos se podemos sentir o impacto do todo.

Imagine que você está em um tribunal quase vazio. Há quatro pessoas presentes: um juiz, um advogado, um órfão e um futuro guardião. O juiz é Deus, Jesus é aquele que quer ser o guardião e você é o órfão. Você não tem nome, nem herança, nem lar. O advogado está propondo que seja colocado sob os cuidados de Jesus.

Quem é o advogado? Um pescador da Galileia com o nome de João.

Ele apresenta seis testemunhas ao tribunal. Chegou a hora da sétima. Mas, antes de chamá-la, o advogado revisa o caso.

— Começamos esse caso com o casamento em Canaã. — Ele caminha enquanto fala, medindo cada palavra. — Eles não tinham vinho, nem uma gota. Mas, quando Jesus falou, a água se tornou vinho. O melhor vinho. Delicioso. Você ouviu o testemunho dos participantes do casamento. Eles viram como isso aconteceu.

Ele faz uma pausa, mas continua:

— Então ouvimos as palavras do estrangeiro. Seu filho estava quase morto.

Você concorda. Lembra-se do testemunho do homem. Articulado, narrara que havia contactado todos os médicos e tentado todos os tratamentos, mas nada ajudava seu filho. Quando estava a ponto de jogar a toalha, alguém falou do homem que curava na Galileia.

Com um sotaque forte, o dignatário explicou:

— Não tive escolha. Procurei-o por causa do desespero. Olhem! Olhem o que o mestre fez pelo meu filho. — O garoto se levantou e você olhou. Era difícil acreditar que um jovem tão saudável tinha estado perto da morte.

Você presta muita atenção quando João prossegue:

— E, Excelência, não se esqueça do paralítico perto do poço. Durante 38 anos, ele não caminhou. Mas então chegou Jesus e, bem, o tribunal o viu. Lembra-se? Vimos como ele entrou andando nesse tribunal. Ouvimos essa história. E, como se não fosse suficiente, também ouvimos o testemunho do garoto com o almoço. Era parte da multidão de milhares que tinham seguido Jesus para ouvi-lo ensinar e curar. Só quando o menino estava a ponto de abrir sua bolsa para comer, pediram que ele fosse ver Jesus. Um minuto estava almoçando; no seguinte, numa festa.

João faz outra pausa, permitindo o silêncio do tribunal. Ninguém pode negar esses testemunhos. O juiz ouve. O advogado ouve. E você, o órfão, não diz nada.

— Então chegou a tempestade. Pedro descreveu isso para nós. O barco balançando nas ondas. Trovões. Raios. Tempestades como essa podem ser fatais. Eu sei. Antes vivia num barco! O testemunho de Pedro sobre o que aconteceu era verdade. Eu estava lá. O Mestre caminhou sobre a água. E, no momento em que subiu no barco, nós nos salvamos.

João faz outra pausa. A luz do sol entra por uma janela, desenhando um quadrado no chão. João passa por cima do quadrado.

— Então, ontem, vocês conheceram um homem que nunca tinha visto a luz. Seu mundo estava no escuro. Escuridão total. Ele era cego de nascença.

João faz uma pausa e dramaticamente afirma que o homem cego de nascença havia declarado: "Jesus curou meus olhos."

Seis testemunhos foram dados. Seis milagres tinham sido verificados. João gesticula em direção à mesa onde estão as provas. A água que se transformou em vinho. A declaração assinada do médico que tinha tratado o filho doente. A cama do paralítico, a bolsa do menino. Pedro tinha trazido um remo quebrado para mostrar a força da tempestade. E o cego tinha deixado sua caneca e sua bengala. Ele não precisa pedir mais esmolas.

— E agora —, prossegue João, virando-se para o juiz —, temos um testemunho final para chamar e mais uma prova para apresentar.

Ele vai até a mesa e volta com um lençol de linho branco. Você se inclina para a frente, sem saber o que ele está segurando.

— Essa é uma mortalha de funeral —, explica ele. Colocando o pano em cima da mesa, inclina-se: — Com a permissão de vossa Excelência, chamo nossa última testemunha, Lázaro de Betânia.

Abrem-se as pesadas portas do tribunal e entra um homem alto. Ele atravessa o corredor e para perto de Jesus o suficiente para colocar uma mão em seu ombro e murmurar: "Obrigado." A ternura em sua voz é perceptível. Lázaro então se dirige para a cadeira das testemunhas.

— Diga seu nome para o tribunal.

— Lázaro.

— Você ouviu falar de um homem chamado Jesus de Nazaré?

— Quem não ouviu?

— Como você o conheceu?

— Ele é meu amigo. Nós, minhas irmãs e eu temos uma casa em Betânia. Quando ele vem a Jerusalém, sempre se hospeda conosco. Minhas irmãs, Maria e Marta, também se tornaram crentes.

— Crentes?

— Crentes em que ele é o Messias. O Filho de Deus.

— Por que você acredita nisso?

Lázaro sorri.

— Como não poderia? Eu estava morto. Há quatro dias. Estava no túmulo. Recebi as orações e fui enterrado. Estava morto. Mas Jesus me chamou para voltar do túmulo.

— Conte-nos o que aconteceu.

— Bom, sempre fui doente. É por isso que vivia com minhas irmãs, sabe. Elas cuidavam de mim. Meu coração nunca foi forte, então eu precisava me cuidar. Marta, a irmã mais velha, é como uma mãe para mim. Foi Marta que chamou Jesus quando meu coração falhou.

— Foi quando você morreu?

— Não, mas quase. Eu ainda resisti alguns dias. Mas sabia que estava perto do fim. Os médicos vinham me ver, balançavam a cabeça e iam embora. Estava com um pé na cova.

— Foi aí que Jesus chegou?

— Não, ficamos torcendo para ele chegar. Marta sentava-se ao lado da cama à noite, e ficava sussurrando para mim: "Aguente firme, Lázaro. Jesus estará aqui a qualquer minuto." Sabíamos que ele viria. Quer dizer, ele tinha curado tantos estranhos; tinha certeza de que iria me curar. Eu era amigo dele.

— O que fez com que ele demorasse?

— Por muito tempo, nós não ficamos sabendo. Achei que ele poderia estar preso ou algo assim. Ficava esperando. A cada dia, ficava um pouco mais fraco. Ia perdendo minha visão, dormia o tempo todo. Toda vez que alguém entrava no meu quarto, achava que poderia ser ele. Mas nunca era. Ele não conseguiu chegar.

— Você ficou bravo?

— Mais confuso do que bravo. Não conseguia entender.

— Então o que aconteceu?

— Bom, uma vez eu acordei no meio da noite. Meu peito estava tão apertado que quase não conseguia respirar. Devo ter sentado porque

Marta e Maria vieram até minha cama e pegaram na minha mão. Ouvi que chamavam meu nome, mas comecei a cair. Era como um sonho, eu estava caindo, girando loucamente no ar. As vozes delas ficavam cada vez mais distantes, até desaparecerem. Parei de girar, parei de cair. E a dor terminou. Eu estava em paz.

— Em paz?

— Como se estivesse dormindo. Descansando. Tranquilo. Estava morto.

— O que aconteceu então?

— Bem, Marta pode contar os detalhes. O funeral estava planejado. Veio toda a família. Os amigos viajaram de Jerusalém. Eles me enterraram.

— Jesus veio para o funeral?

— Não.

— Ele ainda não tinha chegado?

— Não. Quando ele ouviu dizer que eu estava enterrado, esperou mais quatro dias.

— Por quê?

Lázaro parou e olhou para Jesus.

— Para provar seu ponto de vista.

João sorriu compreendendo.

— O que aconteceu então?

— Ouvi a voz dele.

— De quem?

— A voz de Jesus.

— Mas achei que você estava morto.

— Estava.

— Mas não estava dentro do túmulo?

— Estava.

— Como um homem morto em um túmulo ouve a voz de outro?

— Não ouve. Os mortos só ouvem a voz de Deus. Eu ouvi a voz de Deus.

— O que ele disse?

— Ele não falou; gritou.

— O que ele gritou?

— Lázaro, saia!

— E você ouviu?

— Como se ele estivesse no túmulo comigo. Meus olhos se abriram; meus dedos se moveram. Levantei minha cabeça. Estava novamente vivo. Ouvi a pedra sendo afastada. A luz entrando. Meus olhos demoraram uns minutos para se acostumarem.

— O que você viu?

— Um círculo de rostos me olhando.

— Então, o que você fez?

— Fiquei de pé. Jesus me deu a mão e me puxou para fora. Ele pediu que as pessoas me dessem algumas roupas e todos obedeceram.

— Então você morreu, ficou no túmulo por quatro dias e Jesus o chamou de volta à vida? Há alguma testemunha disso?

Lázaro riu.

— Só uma centena.

— Isso é tudo, Lázaro, obrigado. Pode descer.

João volta-se para o juiz.

— O senhor ouviu os testemunhos. Agora deixo a decisão em suas mãos.

Com isso, volta para a mesa e se senta. O guardião permanece de pé. Ele não se identifica. Não precisa. Todos o reconhecem. É Jesus Cristo.

A voz de Jesus enche o tribunal.

— Represento um órfão que é a soma de tudo que vocês viram. Como a festa que não tem vinho, ele não tem nada para celebrar. Como o filho do dignitário, essa criança está espiritualmente doente. Como o paralítico e o mendigo, ele não consegue andar e está cego. Está faminto, mas a Terra não tem comida suficiente para alimentá-lo. Enfrenta uma tempestade tão severa como aquela da Galileia, mas a Terra não tem uma bússola para guiá-lo. E, acima de tudo, ele está morto. Assim como

Lázaro. Morto. Espiritualmente morto. Farei por ele o que fiz pelos outros. Vou lhe dar alegria, força, cura, visão, segurança, alimento, uma nova vida. Tudo isso é dele. Se o senhor permitir.

O juiz dá sua resposta.

— Tu és o meu Filho amado; em ti me agrado (Lucas 3:22).

Deus olha para você.

— Vou permitir —, decide ele — com uma condição. Que seja o desejo do órfão.

João apresentou as testemunhas.

As testemunhas contaram suas histórias.

O mestre ofereceu fazer por você o que fez pelos outros. Ele trará vinho à sua mesa, visão aos seus olhos, força a seu caminhar e, acima de tudo, poder sobre seu túmulo. Ele vai fazer por você o que fez por eles.

O Juiz deu sua bênção. O resto é com você.

Agora a escolha é sua.

Para refletir e discutir

1. "O morto só consegue ouvir a voz de Deus", declarou Lázaro na história. "Eu ouvi a voz de Deus." Se um homem está morto, como ele pode ouvir algo? Como Lázaro sabia que era a voz de Deus que ouvia? De que forma os "mortos" ainda ouvem a voz de Deus hoje?
2. "Jesus disse... 'Vou dar alegria, força, cura, visão, segurança, alimento, uma nova vida.'" Jesus ainda nos dá esses presentes hoje? Se sim, como?
3. Quais dos presentes listados acima significa o mais importante para você? Explique sua escolha.
4. Leia João 20:20-31. Qual era o propósito de escrever os milagres de Jesus? Eles tiveram o efeito intencionado em você? Por que sim ou por que não?
5. Leia Efésios 2:1-5. Como poderíamos ser descritos em nossos dias pré-cristãos, de acordo com os versículos 1-3? Como o nosso status mudou, como descrito nos versículos 4,5? O que provocou essa mudança?

Capítulo 22:

PEDRO

Quando terminou o sábado, Maria Madalena, Salomé e Maria, mãe de Tiago, compraram especiarias aromáticas para ungir o corpo de Jesus. No primeiro dia da semana, bem cedo, ao nascer do sol, elas se dirigiram ao sepulcro, perguntando umas às outras: "Quem removerá para nós a pedra da entrada do sepulcro?" Mas, quando foram verificar, viram que a pedra, que era muito grande, havia sido removida. Entrando no sepulcro, viram um jovem vestido de roupas brancas assentado à direita, e ficaram amedrontadas. "Não tenham medo", disse ele. "Vocês estão procurando Jesus, o Nazareno, que foi crucificado. Ele ressuscitou! Não está aqui. Vejam o lugar onde o haviam posto. Vão e digam aos discípulos dele e a Pedro: Ele está indo adiante de vocês para a Galileia. Lá vocês o verão, como ele lhes disse."

MARCOS 16:1-7 NVI

O Evangelho da segunda chance

Foi como descobrir o prêmio numa caixa de cereais, encontrar uma pequena pérola em uma embalagem de botões ou ver uma nota de dinheiro numa pilha de envelopes.

Era suficientemente pequeno para passar despercebido. Somente duas palavras. Eu sei que já tinha lido aquela passagem centenas de vezes. Mas nunca tinha visto. Talvez tivesse deixado passar por ter ficado emocionado com a ressurreição. Ou, como a passagem que Marcos conta sobre a ressurreição é a menor das quatro, talvez não tenha prestado a devida atenção. Ou talvez por ser o último capítulo do Evangelho, meus olhos cansados sempre leram de forma muito rápida para notar essa pequena frase.

Mas não vou deixar passar de novo. Está marcada em amarelo e sublinhada em vermelho. Você pode querer fazer o mesmo. Procure em Marcos, capítulo 16. Leia os cinco primeiros versículos sobre a surpresa da mulher quando o grupo encontra a pedra removida do lugar. Aprecie a linda frase do anjo: "Ele não está aqui, subiu aos Céus", mas não pare muito tempo. Vá um pouco mais. Empunhe a caneta e aproveite essa joia no sétimo versículo, que começa assim: "Vão e digam aos discípulos dele e a Pedro: Ele está indo adiante de vocês para a Galileia."

Viu? Leia novamente. (Dessa vez eu usei itálico.)

"Vão e digam aos discípulos dele *e a Pedro*: Ele está indo adiante de vocês para a Galileia."

Agora, diga-me se esse não é um tesouro escondido.

Se pudesse parafrasear as palavras: "Não fiquem aqui, vão contar aos discípulos", uma pausa, aí um sorriso, "e especialmente a Pedro, que ele vai encontrá-los na Galileia."

Que linha. É como se todo o Céu tivesse visto Pedro cair — e é como se todo o Céu quisesse ajudá-lo a ficar de pé novamente. "Tenha certeza de contar a Pedro que ele não foi abandonado. Diga que um fracasso não significa nada."

Uau!

Não me admira que o tenham chamado de Evangelho da segunda chance.

Não existem muitas segundas chances no mundo de hoje. É só perguntar à criança que não conseguiu entrar no time da escola, ao amigo que recebeu o bilhete azul ou à mãe de três filhos que foi trocada por uma "bela moça".

Não há muitas segundas chances. Hoje em dia, a coisa é mais: "É agora ou nunca." "Aqui não toleramos incompetência." "Precisa ser duro para chegar lá." "Não tem muito espaço no topo." "Três tentativas e você está fora." "É um mundo cão!"

Jesus tem uma resposta simples para nossa mania masoquista. "É um mundo cão?", ele diria. "Então, não viva com os cães." Isso faz sentido, não? Por que deixar que um bando de fracassados diga o quanto você é fracassado?

Claro que podemos ter uma segunda chance.

É só perguntar a Pedro. Um minuto ele se sentiu arrasado, e no seguinte, estava que era um luxo só. Mesmo os anjos queriam que esse ser angustiado soubesse que o fim não estava perto. A mensagem veio alta e clara da Sala do Trono celestial por intermédio de um mensageiro divino: "Diga a Pedro que a vez dele ainda não chegou."

Aqueles que conhecem essas coisas dizem que o Evangelho de Marcos é, na verdade, as notas transcritas e os pensamentos ditados por Pedro. Se isso é verdade, então foi o próprio Pedro que incluiu essas duas palavras! E se essas foram realmente suas palavras, não posso deixar de imaginar que o velho pescador precisou afastar as lágrimas e engolir em seco quando chegou a esse ponto da história.

Não é todo dia que você ganha uma segunda chance. Pedro sabia disso. Quando viu Jesus depois disso, ficou tão animado que quase nem colocou a roupa antes de entrar na água gelada do Mar da Galileia. Isso também foi suficiente, dizem, para fazer com que esse rude galileu levasse o Evangelho da segunda chance até Roma, onde foi morto. Se você já se perguntou o que faria com que um homem se deixasse crucificar de cabeça para baixo, talvez agora tenha entendido.

Não é todo dia que você encontra alguém que lhe dá uma segunda chance — muito menos alguém que lhe dá uma segunda chance todos os dias.

Mas em Jesus, Pedro encontrou as duas coisas.

PARA REFLETIR E DISCUTIR

1. O que significa o "Evangelho da segunda chance"? Quais outros nomes podem ser dados?
2. De todos os seguidores que abandonaram Jesus, talvez a história de Pedro seja a mais incrível. Leia a história da negação de Jesus em Marcos 14:27-31, 66-72 e depois a resposta do anjo após a ressurreição de Jesus em Marcos 16:1-7. Leia também Lucas 24:33,34 e João 21:15-19. Qual mensagem se encontra na escolha de Pedro? Qual parece ser a atitude de Jesus em relação a Pedro — frustração, desapontamento, preocupação, amor?
3. O que você acha da atitude de Jesus em relação a dar uma segunda, uma terceira ou uma quarta chance? Ele faria menos por você do que fez por Pedro?
4. Consegue pensar em um momento no qual ganhou uma segunda chance? Como isso o afetou? Está disposto a oferecer uma segunda chance a outros?
5. Como uma lembrança de que ele é o Deus das segundas chances, copie Apocalipse 3:19-26 e coloque em um lugar onde possa ler todas as manhãs.

Conclusão

GRANDE ELENCO

NÃO FOI EXATAMENTE O QUE VOCÊ CHAMARIA de uma lista de "Quem é Quem na Pureza e na Santidade", foi? Na verdade, algumas das burradas e atitudes lembram o pessoal que frequenta a cadeia local no sábado à noite. Uma boa parte desse elenco precisaria de um pouco de fortaleza e polimento. Mas, por mais estranho que pareça, é exatamente essa humanidade que os torna reconfortantes. Tanto que, se precisasse ser lembrado da tolerância de Deus, faria isso com essas pessoas. Se você duvida de que Deus poderia usá-lo para mudar o mundo, olhe para essas pessoas, para essa mistura de desastrados e ultrapassados, seguidores fracassados e líderes religiosos desesperados que encontraram esperança, não no próprio desempenho, mas nos braços providencialmente abertos de Deus.

Lembre-se de Abraão, o pai de uma nação, cheio de fraquezas. Ele tinha uma língua afiada que nunca se calava! Uma vez, para salvar seu pescoço, afirmou que Sara não era sua esposa, mas sua irmã, o que era somente meia-verdade (Gênesis 12:10-20).

E depois, não muito depois, ele repetiu! "Ele dizia que Sara, sua mulher, era sua irmã" (Gênesis 20:2).

Ele trocou integridade por segurança por duas vezes. É o que se pode chamar de confiança nas promessas de Deus? É possível construir uma nação com esse tipo de fé? Deus consegue. Deus pegou o que era bom e perdoou o que era ruim e usou "a velha língua bifurcada" para iniciar uma nação.

Não deixemos de mencionar Jonas, o embaixador de Deus em Nínive. Jonas, no entanto, tinha outras ideias. Ele não queria ir para aquela cidade pagã. Então, pulou em outro barco quando Deus não estava olhando (ou pelo menos foi isso que Jonas pensou). Deus colocou-o na barriga de um peixe para que ele recuperasse a razão. Mas mesmo o peixe não conseguiu aguentar esse missionário no estômago por muito tempo. Um bom arroto e Jonas saiu voando sobre as ondas, caindo com os olhos bem abertos, arrependido, na praia. (O que apenas mostra que não é possível prender um bom homem.)

E as histórias continuam: Elias, o profeta que reclamava; Salomão, o rei que sabia muito; Jacó, o trapaceiro; Gômer, a prostituta. Uma história após a outra, sobre um Deus que usa o melhor do homem e supera o pior.

A lição tranquilizadora é clara. Deus usou (e usa!) as pessoas para mudar o mundo. *Pessoas!* Não santos, super-humanos ou gênios, mas pessoas. Sem-vergonhas, nojentos, amantes e mentirosos — ele usa todos. E o que lhes falta em termos de perfeição, Deus compensa com amor.

Jesus, mais tarde, resumiu o amor cabeça-dura de Deus com uma parábola. Discorreu sobre um adolescente que decidiu que a vida na fazenda era muito lenta para seu gosto. Assim, com os bolsos cheios do dinheiro da herança, ele partiu para se divertir. O que encontrou, em vez disso, foram ressacas, amigos aproveitadores e longas filas de desemprego. Quando já estava cheio dessa vida, engoliu seu orgulho, enfiou as mãos nos bolsos vazios e começou a longa viagem para casa; durante todo o caminho, ensaiou o discurso que planejava para o pai.

Ele nunca precisou. Bem quando chegou ao topo da colina, seu pai, que estava esperando no portão, o viu. As palavras de perdão do rapaz foram rapidamente silenciadas pelas palavras de perdão do pai. E o corpo cansado do rapaz caiu direto nos braços abertos do pai.

Os mesmos braços abertos que o abraçaram também receberam Abraão, Moisés, Davi e Jonas. Nenhum dedo acusador. Nenhum punho fechado. Nenhum "eu avisei!" ou "onde você esteve?" Nenhum braço cruzado. Nenhum olho roxo ou boca inchada. Não. Somente os braços abertos. Se você já se perguntou como Deus o usa para fazer algo importante pelo mundo, é só olhar aqueles que já foram usados e animar-se. Olhe para o perdão que vive naqueles braços abertos e tenha coragem.

E, por falar nisso, aqueles braços nunca estiveram tão abertos como na cruz romana. Um braço se estendia para o passado e outro mirava o futuro. Um abraço de perdão oferecido para quem quiser. Uma fêmea cuidando de seus filhotes. Um pai recebendo seus filhos. Um redentor redimindo o mundo. "Aqui estou eu", garante ele, "com os filhos que Deus me deu" (Hebreus 2:13).

Para refletir e discutir

1. Quem você listaria no "Quem é Quem" dos cinco maiores homens e mulheres da Bíblia além de Jesus? Quais pontos fortes eles tinham? Quais fraquezas cada um possuía? Como cada pessoa mudou o mundo?
2. Como Deus usa nossas fraquezas para seu propósito, de acordo com 2 Coríntios 4:7-18 e 2 Coríntios 12:7-10?
3. Se Satã tentasse convencê-lo de que você não tem nenhum valor especial para o Senhor, como faria isso? Como você responderia?
4. Você tem um papel importante no "grande elenco" de Deus. Baseado no que aprendeu através dessas pessoas comuns nas mãos de um Deus incomum, como você poderia descrever seu papel no drama de Deus até agora?
5. Olhando para sua lista das cinco maiores virtudes (do capítulo 20), para que você acha que Deus pode chamá-lo no próximo capítulo de sua vida? Escreva e ore para que Deus o guie e sustente-o enquanto você se esforça para usar suas virtudes e fraquezas para mudar seu mundo.

NOTAS

Capítulo 2: Mateus

1. Meus agradecimentos a Landon Saunders por compartilhar comigo essa história.

Capítulo 4: Mefibosete

1. Dr. Paul Faulkner. *Achieving Success Without Failing Your Family* [Alcance o sucesso sem prejudicar sua família]. W. Monroe: Howard Publishing, 1994, pp. 14-15.
2. *1041 Sermon Illustrations, Ideas and Expositions* [1041 ilustrações, ideias e exposições para sermão], compilado e editado por A. Gordon Nasby, Grand Rapids: Baker, 1953, p. 244.
3. Charles R. Swindoll. *O despertar da graça*. São Paulo: Bompastor, 1994.

Capítulo 7: Abigail

1. Ernest Gordon. *To End All Wars: A True Story About the Will to Survive and the Courage to Forgive* [O fim de todas as guerras: uma história verídica de luta pela sobrevivência e coragem de perdoar]. Grand Rapids: Zondervan, 2002, pp. 105–106, 101.
2. Hans Wilhelm Hertzberg. *1 and 11 Samuel* [1 e 2 Samuel]. Filadélfia: Westminster John Knox Press, 1964, pp. 199–200.
3. Ernest Gordon, *op. cit.*, pp. 101–102.

Capítulo 9: João

1. Arthur W. Pink. *Exposition of the Gospel of John* [Exposição do Evangelho de João]. Grand Rapids: Zondervan, 1975, p. 1077.
2. William Barclay. *The Gospel of John* [O Evangelho de João]. vol. 2, ed. rev., Filadélfia: Westminster Press, 1975, p. 267.

Capítulo 10: Paulo

1. Ver Mateus 11:2.
2. *1,041 Sermon Illustrations, Ideas and Expositions*, pp.180-81.

Capítulo 11: Dois criminosos

1. Paul Aurandt. *Paul Harvey's the Rest of the Story [O restante da história de Paul Harvey]*. Nova York: Bantam Press, 1977, p. 47.

Capítulo 14: Davi

1. Paráfrase do autor.
2. Ver Êxodo 9:22,23; Josué 6:15-20; 1 Samuel 7:10.
3. Paráfrase do autor.
4. Ênfase minha nessa lista da Escritura.

Capítulo 17: Nicodemos

1. Uma construção com arcos no lado leste do templo, tão forte como a tradição que era uma relíquia da parte esquerda do templo de Salomão que resistiu à destruição de Jerusalém pelos babilônios. (Ver *Bible Encyclopedia*, S. V. "Solomon's Porch", http://www.christiananswers.net/dictionary/porchsolomons.html).
2. Como as primeiras cópias dos livros do Novo Testamento foram escritas em grego, o estudo desse idioma jogou muita luz sobre o significado de passagens do Novo Testamento.
3. *The New Testament Greek Lexicon*, S. V. "pa/lin", http://www.searchgodsword.org/lex/grk/view.cgi?number=3825.
4. Ibid., S.V. "anothen", http://www.searchgodsword.org/lex/grk/view cgi?number=509&1=en.
5. Stanley Barnes, comp., *Sermons on John 3:16* [Sermões sobre João 3:16], Greenville, SC: Ambassador Productions, 1999, p. 90.
6. James Montgomery Boice. *The Gospel of John: An Expositional Commentary* [O Evangelho de João: um comentário expositivo]. Grand Rapids, MI: Zondervan Publishing House, 1985, p. 195.
7. Barnes, p. 25.

Capítulo 18: Jairo

1. Baseado em Marcos 5:22-43; Mateus 9:18-26; e Lucas 8:41-56.

Capítulo 19: O jovem rico

1. Sua história é mostrada em Mateus 19, Marcos 10 e Lucas 18.
2. Frederick Dale Bruner esclarece isso quando interpreta Mateus 5:3: "Blessed are those who feel their poverty... and so cry out to heaven". *The Christbook: Matthew 1-12* [O Livro de Cristo: Mateus 1-12]. Waco, TX: Word Publishing, 1987, p. 135.
3. A palavra que Jesus usou para "pobre", quando usada em seu sentido mais básico "não indicaria a pessoa pauperizada, alguém que precisa trabalhar todos os dias para sobreviver, mas o mendigo, aquele que depende da ajuda dos outros". William Hendriksen, *Mateus*. São Paulo: Editora Cultura Cristã, 2001, Vol. 1, 2.

Capítulo 20: Sara, Pedro e Paulo

1. Ver Gênesis 16-18, 21.
2. Ver Lucas 5.

Fontes

Os textos desse livro foram originalmente publicados nas seguintes obras:

José – A oração de José: *Ele ainda remove pedras*, CPAD.
Mateus – O amigo dos fracassados: *O salvador mora ao lado*, CPAD.
A mulher que lavou os pés de Jesus – O princípio 7:47: *Um amor que vale a pena*, CPAD.
Mefibosete – O privilégio dos pobres: *Nas garras da graça*, CPAD.
A mulher samaritana – Duas lápides: *Seis horas de uma sexta-feira*, Vida.
Maria, Marta e Lázaro – O seu lugar na banda de Deus: *Ouvindo Deus na tormenta*, CPAD.
Abigail – Um comportamento bárbaro: *Derrubando Golias*, Thomas Nelson Brasil.
O paralítico – Luzes intensas em noites escuras: *Ele ainda remove pedras*, CPAD.
João – Posso transformar sua tragédia em triunfo: *Ele escolheu os cravos*, CPAD.
Paulo – Heróis ocultos: *Quando Deus sussurra o seu nome*, CPAD.
Dois criminosos – Você pode escolher: *Ele escolheu os cravos*, CPAD.
Moisés – A voz vinda do balde: *Quando Deus sussurra o seu nome*, CPAD.
José – Quando até os grilos irritam você: *Quando Deus sussurra o seu nome*, CPAD.
Davi – Encarando seus gigantes: *Derrubando Golias*, Thomas Nelson Brasil.
Ester – A mulher que conquistou o coração do rei: *A grande casa de Deus*, CPAD.
Jó – Quando o homem se cala: *A grande casa de Deus*, CPAD.
Nicodemos – A conversa mais famosa da Bíblia: *João 3:16* , Thomas Nelson Brasil.
Jairo – Um lampejo da eternidade: *Seis horas de uma sexta-feira*, Vida.
O jovem rico – Tão rico e tão pobre: *O aplauso do Céu*, United Press.
Sara, Pedro e Paulo – O reino do absurdo: *O aplauso do Céu*, United Press.
Lázaro – A última testemunha: *Ouvindo Deus na tormenta*, , CPAD.
Pedro – O Evangelho da segunda chance: *Seu nome é Salvador*, Vida Cristã.

Este livro foi composto em Minion 11,5/16 e impresso pela Gráfica Ediouro sobre papel Avena 80g para a Thomas Nelson Brasil em 2011.